100
senna

Ministério da Cultura, Prefeitura da Cidade do Rio de Janeiro e a Secretaria Municipal de Cultura apresentam

100 senna

CELSO DE CAMPOS JR.

Patrocínio

Parceria

Realização

Dados Internacionais de Catalogação na Publicação (CIP)
(Câmara Brasileira do Livro, SP, Brasil)

```
Campos Junior, Celso de
   100 Senna / Celso de Campos Jr. -- 3. ed. --
Rio de Janeiro : Arte Ensaio, 2024.

   ISBN 978-65-87141-41-1

   1. Fotografias 2. Pilotos de corridas de
automóveis - Brasil - Biografia 3. Senna, Ayrton,
1960-1994 - Biografia I. Título.

24-236076                              CDD-796.72092
```

Índices para catálogo sistemático:

1. Pilotos de automobilismo : Biografia   796.72092

Eliete Marques da Silva - Bibliotecária - CRB-8/9380

Arte Ensaio Editora Ltda. ©

Coordenação Editorial / Editorial Coordination
Maria Duprat
Silvana Monteiro de Carvalho
Paula Feres Paixão

Texto / Text
Celso de Campos Jr.

Projeto Gráfico / Design
Felipe Luchi
Enzo Giacomin
Sandra Tami

Fotografias / Photographs
Pedro Ivo Carvalho de Freitas
Senna Brands
Sutton Images
Getty Images

Tratamento de Imagens / Image Manipulation
Pato Vargas

Versão para o Inglês / English Translation
Anthony Doyle

Copy Desk e Revisão
Copy Desk and Proofreading
Cristina Parga

Impressão e Acabamento / Print and Binding
Ipsis Gráfica e Editora S/A

Arte Ensaio Editora Ltda. ©, 2015
www.arteensaio.com.br
arteensaio@arteensaio.com.br

Todos os direitos reservados
para Arte Ensaio Editora Ltda.
All rights reserved to
Arte Ensaio Editora Ltda.

30 anos
30 years

Em 2024, o legado de Ayrton Senna completa 30 anos e continua pulsando entre fãs e admiradores de todas as partes do mundo. Sua influência transcende as pistas, fazendo do tricampeão mundial não apenas um dos maiores nomes do esporte, mas também um símbolo de persistência, dedicação e busca incansável pela excelência em cada aspecto da vida.

As ações de Senna deixaram um impacto duradouro na sociedade, como o trabalho do Instituto Ayrton Senna, que ao longo de três décadas promoveu mais de 36 milhões de atendimentos a crianças e jovens em mais de três mil municípios brasileiros, criando oportunidades e contribuindo para a transformação social do país por meio da educação.

A comunidade apaixonada de fãs ao redor do mundo vivencia o legado de Senna de múltiplas formas – seja por meio de produtos oficiais, experiências, eventos ou homenagens globais. As celebrações dos 30 anos do legado do piloto mantêm viva a sua imagem e reforçam seus valores, inspirando novas gerações a alcançar seu potencial máximo.

In 2024, Ayrton Senna's legacy will be 30 years old and it still continues to live on among fans and admirers around the world. His influence transcends F1 circuits, making the three-time world champion not only one of the greatest names in the sport, but also a symbol of persistence, dedication and tireless pursuit of excellence in every aspect of life.

Senna's actions have left a lasting impact on society, such as the work of the Ayrton Senna Institute, which over three decades has provided more than 36 million services to children and young people in more than three thousand Brazilian cities, creating opportunities and contributing to the social transformation of the country through education.

The passionate community of fans around the world experiences Senna's legacy in multiple ways – whether through official products, experiences, events or global tributes. The celebrations of 30 years of the driver's legacy keep his image alive and reinforce his values, inspiring new generations to reach their full potential.

Introdução
Introduction

Quando Ayrton Senna partiu, não foram apenas as memórias inesquecíveis que ficaram entre nós. Seus capacetes, macacões, luvas e troféus, além de diversos itens de uso pessoal, foram reunidos pela família do tricampeão em um acervo de relíquias que hoje está sob os cuidados do Instituto Ayrton Senna. Este livro traz a público as imagens e as histórias de 100 dessas peças, muitas delas pela primeira vez. São objetos que fizeram parte da vida do ídolo e que ajudam a contar todos os capítulos de sua trajetória, da infância à maturidade, da incerteza ao estrelato. Revelações inéditas e fotos raras de momentos significativos dentro e fora das pistas completam esta viagem sem precedentes ao universo particular do piloto. Em cada uma destas páginas, o leitor terá reforçada a certeza de que, por mais que o tempo passe, nunca estaremos sem Senna.

When Ayrton Senna departed, he left behind more than just unforgettable memories. The three-time champion's helmets, jumpsuits, gloves and trophies, not to mention a host of personal effects, were gathered into a collection by his family and placed under the care of the Ayrton Senna Institute. For the first time, this book presents pictures and background to a hundred of the Institute's exhibits, objects that were a part of the idol's everyday world and which accompanied key moments in his life, from childhood to adulthood, uncertainty to superstardom. Completing this unprecedented journey into Senna's private universe are previously untold stories and rare photos of various stages in the driver's career. On each page, the reader will find ample reminder that, no matter how much time goes by, we will never be without Ayrton Senna.

Quando o carrinho de bebê do pequeno Ayrton estacionou pela primeira vez no número 37 da Rua Aviador Gil Guilherme, no bairro de Santana, em São Paulo, máquinas e motores já faziam parte do cotidiano da família Senna da Silva há muito tempo. Dono de uma Alfa Romeo e apaixonado por automóveis, Milton, o pai, comandava a próspera metalúrgica Universal, que fornecia peças e componentes para diversas montadoras. A mãe, dona Neyde, dirigia com destreza seu Volkswagen por todos os cantos da cidade – um privilégio reservado a poucas mulheres na São Paulo dos anos 1960. Nada mais natural, portanto, que o filho do casal também preferisse os brinquedos que tivessem rodas, não importava a quantidade ou o tamanho. Eram triciclos, quadriciclos, bicicletas ou rolimãs, todos impulsionados por um mesmo e potente propulsor: as rechonchudas pernas de Ayrton, com cavalos de fazer inveja a qualquer engenhoca da metalúrgica do Miltão. Com uma frota dessas, engatinhar pra quê?

When baby Ayrton's pushchair pulled up for the first time at 37 Aviador Gil Guilherme Street in the Santana neighbourhood of São Paulo, machines and engines had long been a part of life for the Senna da Silva family. The proud owner of an Alfa Romeo and all-round car enthusiast, his father, Milton, ran his own metal works, the prosperous Universal, which supplied automotive parts and components to a number of car manufacturers. His mother, Neyde, was confident behind the wheel of her Volkswagen, a privilege enjoyed by few women back in 1960s Brazil. It was hardly surprising, then, that their son would develop a preference for toys with wheels on them, and it didn't matter how many or what size. Tricycles, bicycles, trolleys, soapbox cars, they were all driven by the same motor: the pudgy legs of little Ayrton, with enough horse-power to rival any contraption cobbled together at Milton's steelworks. With a fleet like this, why crawl?

1. Certidão de nascimento de Ayrton Senna da Silva *1960*
1. Ayrton Senna da Silva's birth certificate *1960*

Não demorou para que os pais percebessem que Ayrton nascera sem o botão "desligar". Espoleta, preferia as brincadeiras mais arriscadas, que envolvessem algum tipo de desafio. Fosse saltando de muros altos ou aventurando-se pelas zonas proibidas da praia ou da piscina, parecia sempre estar testando seus limites – e o dos adultos ao redor. Aos quatro anos, começou a frequentar o Clube de Regatas Tietê. Importantes atletas brasileiros haviam florescido para o esporte nessa tradicional agremiação da Zona Norte da cidade de São Paulo. Maria Lenk, maior nadadora da história do país, deu suas primeiras braçadas por lá; Maria Esther Bueno, bicampeã de Wimbledon, começou no tênis nas quadras do clube. Mas a aprazível área verde do Tietê era, digamos, bucólica demais para Ayrton. Já nessa época, o garoto começava a indicar a preferência por uma curiosa ideia de paraíso – que envolvia asfalto, graxa e roncos ensurdecedores.

It didn't take his parents long to realize that Ayrton came with no "off" button. He was a danger-junkie who loved any game that involved risk or posed a challenge. Whether that meant jumping off high walls or making incursions into off-limits areas of the beach or pool, he was always testing limits — and the patience of the adults around him. At the age of four, Ayrton started frequenting the Clube de Regatas Tietê, a sport's club on the city's north-side that had a tradition of turning out first-rate athletes. Maria Lenk, the country's all-time greatest female swimmer, did her first lengths there, and Maria Esther Bueno, two-time Wimbledon Champion, learned to play tennis on the club's courts. Yet the rambling lawns of the Tietê was, shall we say, a little too bucolic for Ayrton's liking. By this young age, the boy was already formulating a particular notion of paradise — one of asphalt, axel grease and the deafening roar of engines.

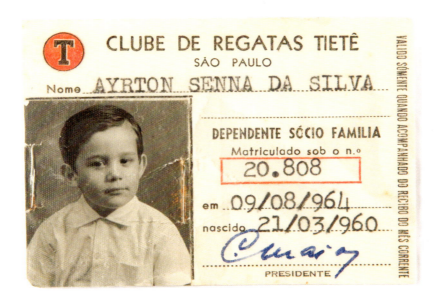

2. Carteira de sócio do Clube de Regatas Tietê *1964*
2. Clube de Regatas Tietê membership card *1964*

Na gíria esportiva brasileira, o termo "Caneco" é um sinônimo popular para taça ou troféu. E, de forma altamente premonitória, foi também o primeiro apelido de Ayrton Senna da Silva – herdado da alcunha de um jovem personagem que fazia sucesso em um programa de televisão da época. No entanto, uma de suas priminhas, chamada Lilian, tinha dificuldade em pronunciar a palavra; o máximo que ela conseguia era balbuciar "Beco". Os adultos acharam graça, e a nova versão do apelido rapidamente se alastrou entre a família. É bem verdade que o garoto preferia o aumentativo Becão, muito mais imponente. Com a irmã mais velha, porém, não adiantava fazer pose: Viviane aproveitava os dois anos de vantagem para, até meados da década de 1960, liderar as brincadeiras em família. Mas seria por pouco tempo. Logo, Beco deixaria de ser passageiro para, literalmente, estar no volante do próprio destino.

In Brazilian sporting parlance, "Caneco" (literally "mug") is slang for a trophy or cup. Rather tellingly, it was also Ayrton's first nickname — after a character in a children's TV show. However, one of the boy's cousins, Lilian, had a hard time pronouncing the moniker, which invariably came out as "Beco". The adults thought this sweet and the variant stuck. Truth be told, the lad preferred the augmentative version "Becão", which was much more imposing, but there was no fooling his elder sister, Viviane, who got maximum leverage from her two years' seniority to lead the family fun-and-games into the late 60s. She wouldn't reign alone for long, though, as young Beco, never content to be anyone's second driver, would soon — and literally — seize the wheel of his own destiny.

3. Anel com o apelido de infância
3. Ring bearing his childhood nickname

4. Corrente com pingente, presenteada pela irmã Viviane
4. Chain and pendant given by his sister, Viviane

Ayrton buzinou, buzinou, mas buzinou tanto nos ouvidos do pai que seu Milton, talvez para se ver livre daquela ladainha, decidiu atender às súplicas do filho e construir o kart que ele tanto pedia. Não era propriamente um modelo para competições, mas o 007 confeccionado na metalúrgica Universal, com motor dois tempos, semelhante ao de um cortador de grama – curiosamente montado por um médico amigo da família, o Dr. Passos, fanático por mecânica –, estava mais do que bom para acelerar na pista inacabada da futura Marginal Tietê, invadida pela turma da velocidade nos finais de semana. Entretanto, o que deveria ser apenas uma brincadeira foi tomando ares mais sérios. O menino tinha mesmo jeito para a coisa. E assim, no início da década de 1970, ganhou dos pais um kart profissional. Para acompanhar o bólido, precisava escolher um capacete. Dentre todas as cores… amarelo.

Ayrton pestered his father so much for so long that Milton, perhaps eager for a moment's peace, gave in under pressure and agreed to build him a kart. It wasn't exactly competition-grade, but the 007 put together at Universal — based around a two-gear lawnmower engine assembled, curiously enough, by a friend of the family, Dr. Passos, a physician and mechanics fanatic — did the trick out on the unfinished Tietê expressway, overrun by motor-heads on weekends. Yet what started out as just a bit of fun soon took on more serious airs, and Ayrton upgraded to a pro kart in the early 70s. Of course, he needed a helmet to go with his new bolide, and out of all the colours on the rack, he didn't think twice: yellow.

5. Primeiro capacete de Ayrton Senna
5. Ayrton Senna's first helmet

Em fevereiro de 1973, o Brasil recebia, pela primeira vez na história, um Grande Prêmio oficial de Fórmula 1. Emerson Fittipaldi, então defensor do título mundial da máxima categoria do automobilismo, saiu de Interlagos com a vitória, sob os olhares absolutamente hipnotizados de Ayrton Senna – que havia sido levado pelo pai às arquibancadas do autódromo, e, tempos românticos, também aos boxes, onde pôde apertar a mão do grande campeão. Cinco meses depois, naquele mesmo palco, o jovem kartista teria o gostinho de receber uma bandeirada quadriculada para chamar de sua. Reza a lenda que, diante de tantos competidores, em um disputado torneio de férias da categoria menor, em julho de 1973, os organizadores acharam melhor tirar no sorteio as posições de largada – e Ayrton teria ficado com a pole position. À sorte, o piloto do kart número 42 acrescentou a competência: liderou a corrida de ponta a ponta e levou para casa seu primeiro, primeiríssimo, troféu.

In February 1973, Brazil hosted its first official Formula One Grand Prix. Emerson Fittipaldi, the defending champion, emerged victorious from the Interlagos track beneath the mesmerized gaze of Ayrton Senna. That was a more romantic age, and the young Ayrton, chaperoned by his father, was also able to visit the boxes, where he met and shook hands with the world champion. Five months later, at that same track, the young kart racer caught a chequered flag of his own in a popular school-vacation tournament. Legend has it that the race organizers, faced with such a large number of competitors, dispensed with qualifying and decided the grid by draw, and Ayrton won pole position. But what luck had bestowed, the boy behind the wheel of kart 42 consolidated with skill: he led the field from start to finish to take his first silverware.

6. Primeiro troféu de vencedor no kart: Torneio de Férias *São Paulo, 1973*
6. Senna's first kart trophy, won at the São Paulo Vacations Tournament *São Paulo, 1973*

Com os motores de seu kart agora preparados pelo espanhol Lúcio Pascoal, o Tchê, proprietário de uma oficina na Mooca e espécie de Midas dos mecânicos paulistanos, o jovem Ayrton começou a consolidar seu nome no mundo do automobilismo brasileiro durante a segunda metade dos anos 1970. Mas seu maior cartão de visita não eram vitórias ou títulos, e sim o indiscutível talento, a incansável dedicação nos treinos e a velocidade espantosa nas pistas – até porque, em um primeiro momento, Senna não virou exatamente um bicho-papão de campeonatos. Um dos motivos foi justamente seu estilo um tanto inconsequente de pilotar – que provocou diversos acidentes e abandonos não programados. Mais do que regular a máquina, portanto, Tchê teve como grande desafio ensinar ao pupilo como ministrar inteligência e velocidade nas doses certas. Lição aprendida: Ayrton, então, engatou a conquista de quatro campeonatos brasileiros de kart, de 1978 a 1981. O diamante estava sendo lapidado.

With his kart engines now in the capable hands of the Spaniard Lúcio Pascoal, aka Tchê, the owner of a garage in Mooca, and known as something of a Midas among São Paulo's mechanics, the young Ayrton began to make a name for himself in Brazilian motorsport in the latter half of the 70s. However, what commended him most in the beginning wasn't his list of victories — which wasn't all that long —, but his unquestionable talent, tireless dedication to training and staggering speed on the track. In fact, part of the reason why he didn't exactly rack up the victories in the early days was his somewhat reckless driving style, which led to numerous accidents and crash-outs. Tchê's biggest challenge wasn't in tuning the lad's engines so much as his mentality, teaching his young pupil how to dose intelligence and speed to maximum effect. With that lesson learned, Ayrton started to convert talent into trophies, winning back-to-back Brazilian go-kart championships from 1978 to 1981. The diamond was no longer in the rough.

7. Troféu do Campeonato Brasileiro de Kart *1977*
7. Brazilian Kart Championship trophy *1977*

8. Carteira de piloto de kart emitida pela Confederação Brasileira de Automobilismo *1978*
8. Kart driver's license issued by the Brazilian Motorsport Confederation *1978*

Desde a primeira vez que acelerou um carro de corrida, Ayrton Senna teve todas as despesas cobertas por seu Milton – em um dos mais duradouros casos de "paitrocínio" de que se tem notícia. Bem-sucedido em seus negócios nos ramos da indústria, da pecuária e da agricultura, o patriarca investia consideráveis somas de dinheiro no ofício do filho, esperando ansiosamente, claro, o dia em que o herdeiro pudesse rodar por conta própria. Mas como demorava... Aos 17 anos, unanimemente reconhecido como uma promessa do kart nacional, Ayrton começou a contar com o apoio pontual de algumas empresas em campeonatos específicos. De maneira geral, entretanto, bastava acabar o evento para as companhias encerrarem o vínculo. E enquanto o pai chegava para pagar as próximas faturas, dona Neyde tratava de retirar os patrocínios do macacão de couro legítimo do filho. As marcas de costura de logotipos que iam e vinham, bem como as luvas usadas até o último suspiro, são o testemunho inequívoco de uma época em que a carreira de Ayrton era tocada de maneira quase artesanal.

From the very beginning, Ayrton's racing activities were entirely bankrolled by his father, Milton. A successful businessman with prosperous concerns in industry, husbandry and farming, the patriarch ploughed considerable sums into his son's career while waiting for the glad day he'd be able to run on his own wheels — a day that took a long time coming. It was only at the age of 17, already unanimously recognized as a rising star on the Brazilian kart circuit, that Ayrton began to receive sporadic support from corporate sponsors. Generally, however, the deals terminated at the end of each racing season. So while Milton set about paying the bills, Neyde sat down to strip the sponsor logos off her son's genuine-leather jumpsuit. The stitch-marks left behind by departed sponsors and the boy's threadbare racing gloves bear witness to a time when Senna's career was basically artisanal.

9. Luva
9. Glove

10. Macacão de couro
10. Leather race suit

Mesmo um país de dimensões continentais como o Brasil ficava pequeno diante da enorme vontade de vencer de Ayrton Senna. Buscar o triunfo também em terras estrangeiras, portanto, era questão de tempo. Sua primeira experiência internacional aconteceu em 1977, no Sul-Americano de Kart, no Uruguai. E a vitória na competição o impulsionou a circuitos bem mais distantes. A partir de 1978, seu passaporte receberia os carimbos de alfândegas de todo o planeta, a começar pela francesa: em setembro, na famosa pista de Le Mans, participou pela primeira vez do Campeonato Mundial de Kart. O sexto posto no evento deixou um gostinho de frustração, que fez Senna estender pelos três anos seguintes – em Portugal, em 1979; na Bélgica, em 1980; e na Itália, em 1981 – sua busca pelo lugar mais alto do pódio nos mundiais. Quis o destino, contudo, que o brasileiro conquistasse no máximo dois segundos lugares, em 1979 e em 1980.

Even a country of the continental proportions of Brazil wasn't big enough for Ayrton's boundless will to win. It was only a matter of time before he would start looking for lands to conquer elsewhere. His first racing experience abroad came in 1977 in Uruguay, where he won the South-American Karting Championship. Victory there left Senna yearning to try his luck on circuits farther afield. From 1978 on, Ayrton's passport accumulated immigration stamps from all over the world, starting with France. In September that year, on the famous Le Mans racetrack, Senna took part in his first Karting World Championship. Frustrated at his sixth-place finish, he spent the next three years vying for the top spot, first in Portugal in 79, then in Belgium in 1980, and finally in Italy in 81. However, destiny had other plans, and the best the Brazilian would do was finish second in 1979 and 1980.

11. Passaporte de Ayrton Senna da Silva *1978*
11. Ayrton Senna da Silva's passport *1978*

Ainda que Ayrton Senna não tenha conseguido o tão sonhado triunfo nos Mundiais de Kart, o torneio acabaria legando um troféu que ele carregaria para sempre. Naquela época, o regulamento da competição exigia que os pilotos ostentassem capacetes com as cores da bandeira de seus respectivos países. Em 1978, o elmo branco de Ayrton – que já havia sido adornado com detalhes azuis – ganhou nova pintura: amarela com uma faixa longitudinal verde. Com essa combinação, o brasileiro foi para a pista na França. Mas ainda não era bem o desenho que ele queria. No ano seguinte, o jovem bateu na porta de Sid Mosca, responsável pelo capacete de Emerson Fittipaldi e Nelson Piquet, entre outras feras. Explicou-lhe a questão e encomendou uma criação com as cores do pavilhão nacional. A partir de então, mudariam só os patrocínios: o design amarelo com as faixas horizontais verdes e azuis, confeccionado para atender às regras do Mundial de Kart, jamais sairia da cabeça de Senna. Na mosca, grande Sid.

Senna may not have come away from the Karting World Championship with the coveted silverware, but it did give him something more emblematic and longer-lasting. Back then, there was a newly-introduced KWC rule that drivers had to wear the colours of their national flags on their helmets. In 1978, when Ayrton took to the track, the white dome, previously adorned with details in blue, had been re-painted yellow with a green stripe running down the middle. The following year, the young driver paid a visit to Sid Mosca, the designer behind the helmets worn by the likes of Emerson Fittipaldi and Nelson Piquet. He explained the specifications and placed an order for a helmet in the colours of the national pavilion. From that time on, only the sponsor logos would change on Senna's headgear, with horizontal green and blue stripes on a canary yellow background. Sid had hit the nail on the head.

12. Capacete usado desde os tempos de kart até a Fórmula Ford 2000, com diferentes desenhos e patrocínios. Esta última repintura data de 1982.
12. Helmet worn from the kart championships up to Formula Ford 2000, though constantly repainted with different designs and sponsor logos. This last repainting is from 1982.

Ayrton Senna sempre abria um sorriso nostálgico quando o assunto era o kart. "É o esporte mais emocionante que existe", definia. Talvez por isso, as recordações desse tempo tenham sido cultivadas com tanto carinho ao longo de sua vida. Quem diria que um troféu de uma recôndita corrida no Japão, em 1978, pudesse ser um dos preferidos do tricampeão de Fórmula 1? Ou então que uma simples lembrança da participação na Copa dos Campeões da Europa, no kartódromo de Jesolo, na Itália, ganhasse destaque em sua mesa de trabalho? Senna dividiria retas e negociaria curvas com alguns dos mais famosos nomes da história da velocidade; ainda assim, em 1993, quando perguntado sobre seu mais bravo oponente, o brasileiro entrou no túnel do tempo para lembrar de um antigo companheiro de kart – prestando, por extensão, seu tributo a todo aquele universo. "Fullerton. Terry Fullerton. Gostava muito de correr ao lado dele. Ele era rápido, consistente. Naquela época, não havia política, não havia dinheiro envolvido. Era velocidade pura."

Ayrton Senna always smiled nostalgically whenever the subject of karting came up. "It's the most exhilarating sport there is", he'd say. Maybe that's why he so carefully kept his mementos from that time. Who would have thought that a trophy won in some Japanese backwater in 1978 would be the personal favourite of a three-time Formula One champion? Or that a trophy won at the Kart Champion's Cup in Jesolo, Italy, would be the one he chose to decorate his desk with? Senna would go head-to-head with some of the most famous names in the history of motorracing, but when he was asked in 1993 who he considered to have been the stiffest opponent he'd ever faced, he took a trip down memory lane in what was effectively a tribute to kart-racing as a category: "Fullerton, Terry Fullerton. I loved racing with him. He was fast and consistent. Back then there was no politics, no money involved. It was pure speed."

13. Boné Dunlop
13. Dunlop cap

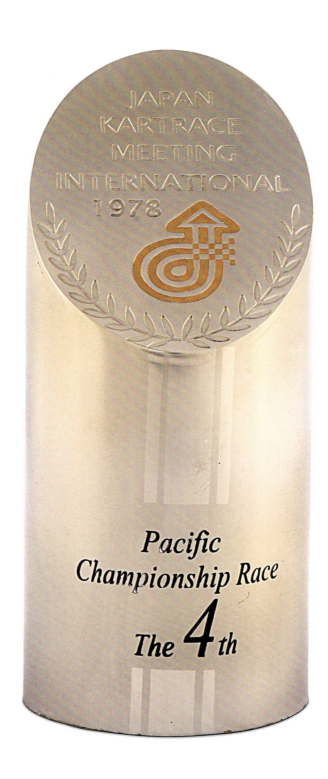

14. Troféu do Pacific Championship Race *1978*
14. Pacific Championship Race trophy *1978*

15. Colete de kart usado em Jesolo *1980*
15. Protective vest worn at Jesolo *1980*

16. Troféu do Grande Prêmio de Kart da República de San Marino *1979*
16. Republic of San Marino Kart Grand Prix trophy *1979*

17. Troféu da 8ª Copa dos Campeões de Kart *Jesolo, 1979*
17. 8th Kart Champions Cup trophy *Jesolo, 1979*

18. Troféu do 2º Pan-Americano de Kart, Tarumã *Tarumã, 1982*
18. 2ⁿᵈ Pan-American Kart winner's trophy *Tarumã, 1982*

Em 1981, era hora de acelerar o futuro. Aos 20 anos de idade, Senna deixou sua zona de conforto no Brasil e partiu para uma temporada na Inglaterra, onde participaria do campeonato britânico de Fórmula Ford 1600, o Townsend Thoresen – tido e havido como a grande porta de entrada para o automobilismo profissional europeu. Os obstáculos prometiam ser duros: nova categoria, novos circuitos, novo idioma, novos concorrentes. Mas as diferenças foram sentidas somente fora da pista. Dentro dela, o piloto, competindo pela equipe Van Diemen, repetiu os fantásticos resultados que vinham espantando o público brasileiro e conquistou com folga o título da competição. Entretanto, ao final de tão vitoriosa temporada, Ayrton desembarcou no Brasil sem troféus para colocar na estante. É isso mesmo. Nas corridas da austera Fórmula Ford 1600, o vencedor levava para casa apenas uma coroa de louros – no máximo, um bonezinho para provar sua façanha.

1981 was the year Ayrton had to decide his future. At the age of 20, he left his comfort zone in Brazil to spend a season racing in England, where he disputed the Townsend Thoresen Formula Ford 1600 series — a doorway onto the pro-racing world in Europe. The obstacles were many and daunting: a new category, new circuits, a new language, new competitors. But the biggest differences were felt off the track. In the cockpit, racing for the Van Dieman team, he repeated the run of results that had stunned the Brazilian public, and won the championship by a mile. And yet, despite such a victorious season, Ayrton returned to Brazil without a single trophy to show for it. In the austere world of Formula Ford 1600, all the winner took home with him was some kudos, and perhaps a new cap.

19. Licença de piloto britânica *1981*
19. British motorsport driver's license *1981*

20. Boné de vencedor no circuito de Brands Hatch
20. Brands Hatch circuit winner's cap

No degrau seguinte da carreira, a Fórmula Ford 2000, Ayrton Senna exagerou. Agora correndo pela Rushen Green Racing, aniquilou os adversários tanto no campeonato britânico quanto no campeonato europeu, uma dominância poucas vezes vista na história do automobilismo. O brasileiro triunfou em 22 das 27 provas no ano de 1982 – incluindo as três etapas disputadas no autódromo de Silverstone, que, não à toa, seria apelidado pelos ingleses de "Silvastone". Pela primeira vez, também, venceu corridas oficiais fora da Inglaterra, caso dos GPs da Holanda e da Áustria, válidos pelo torneio continental, organizado pela European Formula Drivers Association, a EFDA – estes sim, com direito a taça.

On the next rung of the career ladder, Formula Ford 2000, Senna took no prisoners. Driving for Rushen Green Racing, he swept all before him in the British and European championships in a display of dominance rarely seen in the history of motor-racing. In 1982, he won 22 of the 27 meets, including all three heats at Silverstone — which the English jokingly renamed "Silvastone". For the first time, he won official races on the continent, including GPs in Holland and Austria, organized by the European Formula Drivers Association, the EFDA — yes, this time there were trophies.

21. Troféu do Grande Prêmio da Áustria, etapa do Campeonato Europeu de Fórmula Ford 2000 *1982*
21. Austrian Grand Prix trophy, European leg of the Formula Ford 2000 championship *1982*

22. Troféu do Grande Prêmio da Holanda, etapa do Campeonato Europeu de Fórmula Ford 2000 *1982*
22. Dutch Grand Prix trophy, European leg of the Formula Ford 2000 championship *1982*

Na Inglaterra, o cotidiano de Ayrton fora das pistas era um tanto monótono. Quando não estava pilotando, refugiava-se do frio em sua residência no condado de Norfolk, extremo leste da ilha da Bretanha. De lá, campeava as melhores opções para sua carreira, correspondendo-se com equipes e empresários interessados em sua já notória habilidade – as mensagens eram datilografadas em uma máquina de escrever Silver-Reed. Mas não eram apenas assuntos profissionais que Senna despachava nos correios. Para matar a saudade de casa, o piloto enviava cartas e mais cartas manuscritas à família, aos amigos e, com maior regularidade, a seu empresário Armando Botelho. Nelas, Ayrton dividia impressões pessoais sobre a vida na Inglaterra, os últimos resultado de corridas, recados e fotografias para divulgação na imprensa. As derrapagens no português eram perdoadas – o mais importante era saber que a carreira na Europa, essa sim, seguia direitinho nos trilhos.

In England, life off the racetrack was a little monotonous. When he wasn't racing, he withdrew from the cold at his residence in the eastern shire of Norfolk, where he mulled over his career options and corresponded with teams and agents eager to sign his exuberant skills — the formal missives were all punched out on a Silver-Reed typewriter. However, his correspondence was not limited to business matters, but was his main way of keeping in touch with family and friends back home, and, most regularly of all, with his agent Armando Botelho. His copious handwritten letters from this time speak of his impressions of life in England, his thoughts on his latest race results, and messages and photos for circulation in the local press. His grammatical lapses could be forgiven — the main thing was to know that his career was on the right track.

23. Máquina de escrever Silver-Reed
23. Silver-Reed typewriter

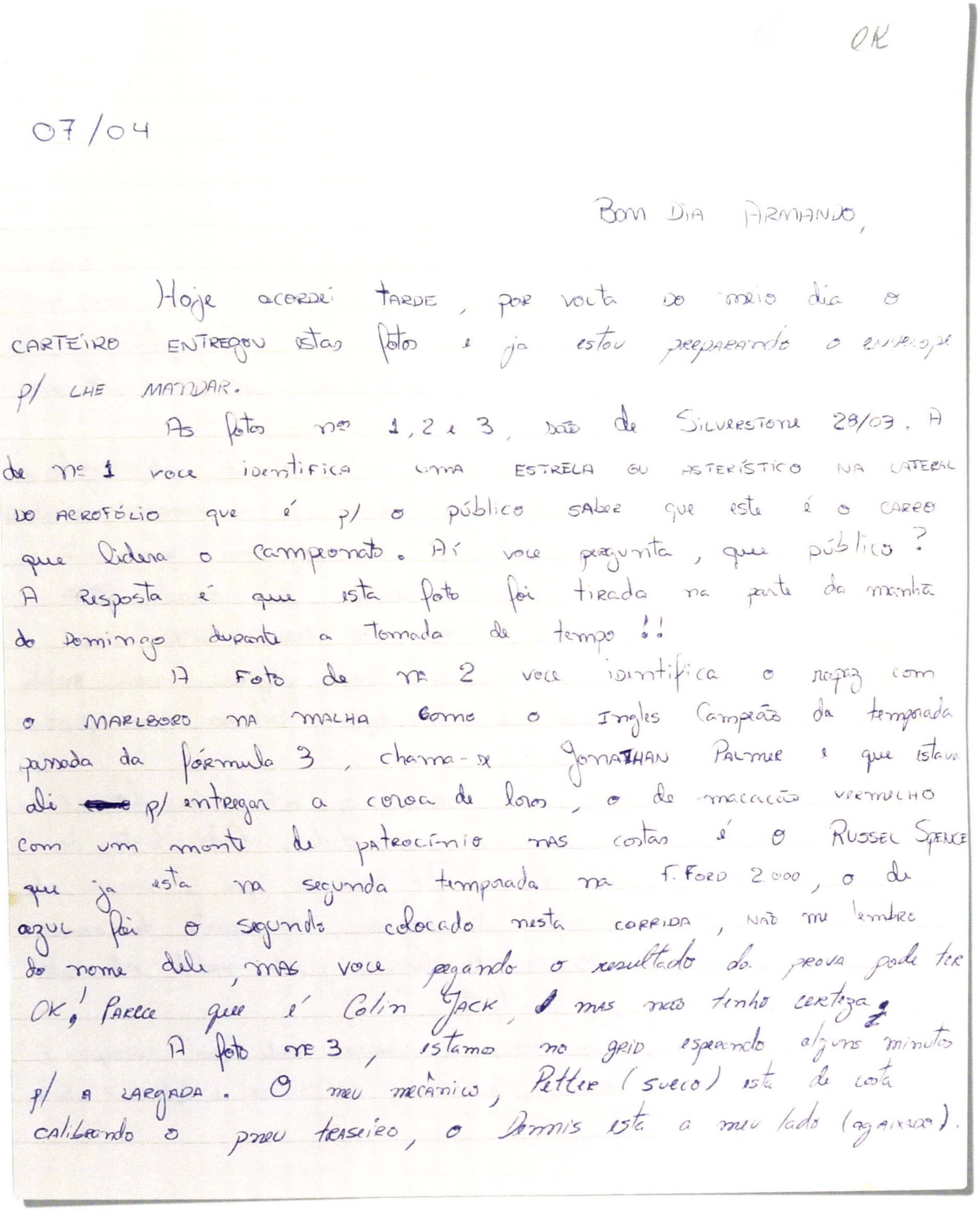

OK

07/04

Bom Dia Armando,

Hoje acordei tarde, por volta do meio dia o carteiro entregou estas fotos e já estou preparando o envelope p/ lhe mandar.

As fotos nº 1, 2 e 3, são de Silverstone 28/03. A de nº 1 você identifica uma estrela ou asterístico na lateral do aerofólio que é p/ o público saber que este é o carro que lidera o campeonato. Aí você pergunta, que público? A resposta é que ista foto foi tirada na parte da manhã do Domingo durante a Tomada de tempo!!

A foto de nº 2 você identifica o rapaz com o Marlboro na malha como o Ingles Campeão da temporada passada da Fórmula 3, chama-se Jonathan Palmer e que estava ali p/ entregar a coroa de loros, o de macacão vermelho com um monte de patrocínio nas costas é o Russel Spence que já esta na segunda temporada na F.Ford 2.000, o de azul foi o segundo colocado nesta corrida, não me lembro do nome dele, mas você pegando o resultado da prova pode ter OK, Parece que é Colin Jack, mas não tinho certeza.

A foto nº 3, istamo no grid esperando alguns minutos p/ a largada. O meu mecânico, Petter (sueco) esta de cota calibrando o pneu traseiro, o Dennis esta a meu lado (agaixado).

24. Carta manuscrita a Armando Botelho *1982*
24. Handwritten letter to Armando Botelho *1982*

Todas as outras fotos coloridas são de OULTON PARK, apenas p/ ilustrar, Oulton é uma pista em meio a uma fazenda!

① Outro detalhe, o nº do carro (parte branca na lateral) pode ser colocado mais para tras e também ser diminuido um pouco se necessário. Como voce pode ver pelas fotos coloridas de lado, a lateral do carro vai até p/ atras do pneu traseiro.

Todas as fotos branco e preto são de Donington.

Foto de nº 4, alinhado no grid p/ a largada, o Dennis é o de malha escura agaixado e o rapaz com quem esta conversando é o Jeremy Shaw, repórter da revista ~~Auto~~ AUTOSPORT Inglesa, aliás, dentro em breve sairá uma entrevista minha de uma ou duas páginas nesta revista pois neste dia da corrida de Donington batemos um papo de mais de meia hora.

Foto nº 5, como voce pediu aí esta uma foto p/ uma configuração melhor para a publicidade. Cada lista da costura, ou seja, cada faixa do macacão que é dividida pela costura branca tem 6 cm de largura, na parte do ombro tem um total de ± 45 cm de largura, esta medida esta entre as duas marcas que fiz a tinta.

Foto nº 6, voce tem o braço onde um exemplo é este STICKER FORMULA ONE RACEWEAR, a medida do sticker é 6,5cm X 6,5cm.

②

Foto 7, a faixa branca na parte superior do ombro tem 18 cm X 5,5 cm, é um espaço que talvez dê p/ ser aproveitado.

Sempre, uma boa referência são as faixas que ficam determinadas pela costura, como já disse, tem uma medida que varia entre 6 e 6,5 cm.

Foto 8, a bandeira tem 8,9 cm por 6,2 cm.

Já são duas horas e tenho algumas coisas p/ fazer ainda hoje, além do que pretendo colocar hoje mesmo este envelope no correio.

Amanhã deve sair algumas matérias no Motoring News e na Autosport sobre a prova de Donington, assim sendo, amanhã deve seguir outro envelope com as reportagens, ok!

Tive convite de mais outra equipe de Fórmula 3, trata-se da ARGO, é uma fábrica, no ano de 80 teve bons resultados mas em 81 bastante negativo, atualmente não parecem estar bem e por esta razão vou inventar uma desculpa e deixar em aberto mais p/ o final de ano, ontem à noite comentei com o Mictão esse assunto e ele já deve ter comentado com você.

Um forte abraço

Becão

P.S. - Dê um abração no irmãozinho!!

Fórmula 3. A antessala da Fórmula 1. Os olhos de todos estariam, mais do que nunca, voltados para Ayrton Senna, agora no cockpit de uma Ralt-Toyota, da equipe West Surrey Racing. Contudo, em que pese a exposição garantida, os patrocinadores internacionais, com suas ricas verdinhas, mantiveram distância do piloto sensação. Os apoiadores de Senna na F-3 eram todos brasileiros, empresas que, em 1983, percebiam seu potencial de se tornar um ídolo nacional – caso da confecção Pool, da transportadora Transzero, da fábrica de brinquedos Estrela, da casa noturna Gallery e do Banco do Estado do Rio de Janeiro, o Banerj, que garantira a nobre posição no cocuruto de Ayrton. O orçamento das companhias locais, todavia, era insuficiente para custear todas as despesas de Senna na F-3. Seu Milton, portanto, precisou colocar mais uma vez a mão no bolso para manter na Europa o filho já famoso. Fulo da vida com a falta de apoio dos gringos, fez um protesto pessoal ao mandar estampar no capacete do herdeiro, em plena língua de Shakespeare, uma frase no imperativo: "Comprem produtos brasileiros".

Formula 3. The antechamber to Formula 1. More than ever, all eyes would be on Ayrton Senna, now driving a Ralt-Toyota for West Surrey Racing. However, despite guaranteed brand exposure, international sponsors, with their rich meadows of greenbacks, shied away from the new hot-prospect. Senna's F-3 backers were all Brazilian companies that, in 1983, could clearly see his potential to become a national hero. The brands that would appear on Senna's car and helmet were clothes manufacturer Pool, the transport company Transzero, the toy-maker Estrela, the Gallery nightclub and the Rio de Janeiro State Bank, whose Banerj logo took pride of place on his helmet front. However, this suite of Brazilian sponsors was not enough to cover Ayrton's F-3 costs, so his father Milton had to dig deep yet again to keep his already famous son afloat in Europe. Livid at the lack of support from companies abroad, Milton had a very personal protest stamped in Shakespeare's best on the chin of his son's headgear: "Buy Brazilian goods".

25. Boné Banerj
25. Banerj sponsor's cap

Dentro da pista, Ayrton Senna fez sua parte para mostrar que a mercadoria nacional era mesmo de primeira linha. Venceu, de forma consecutiva, as nove – nove! – primeiras etapas do Campeonato Britânico de Fórmula 3. Mas estava enganado quem imaginava que a conquista do título viria sem emoções: na segunda metade da temporada, o inglês Martin Brundle reagiu, e, beneficiando-se de uma série de abandonos de Ayrton – alguns deles intimamente relacionados a sua desmedida obsessão de chegar em primeiro lugar –, conseguiu levar a decisão para a derradeira corrida do ano. No circuito de Thruxton, vigésima etapa da temporada, quando tudo estava em jogo, Senna, entretanto, esbanjou maturidade. Liderou de ponta a ponta. Emplacou o título da F-3. E foi parar, finalmente, na categoria máxima do automobilismo mundial.

Out on the track, Ayrton Senna did his part to show that Brazilian merchandise was indeed first-rate. He won the first nine — nine! — British Championship Formula 3 GPs in a row. The title, however, would not come as easy as this barnstorming start might have suggested. In the second half of the season, British driver Martin Brundle fought his way back into contention, exploiting a series of crash-outs caused by Ayrton's often self-defeating obsession with first-place finishes. The title would only be decided at the twentieth and closing race of the season, at Thruxton. This time, with all to race for, Senna was a paragon of maturity, leading the race from start to finish. With the F3 title under his belt, he took that final step up the ladder to world motor-racing's premier category, Formula One.

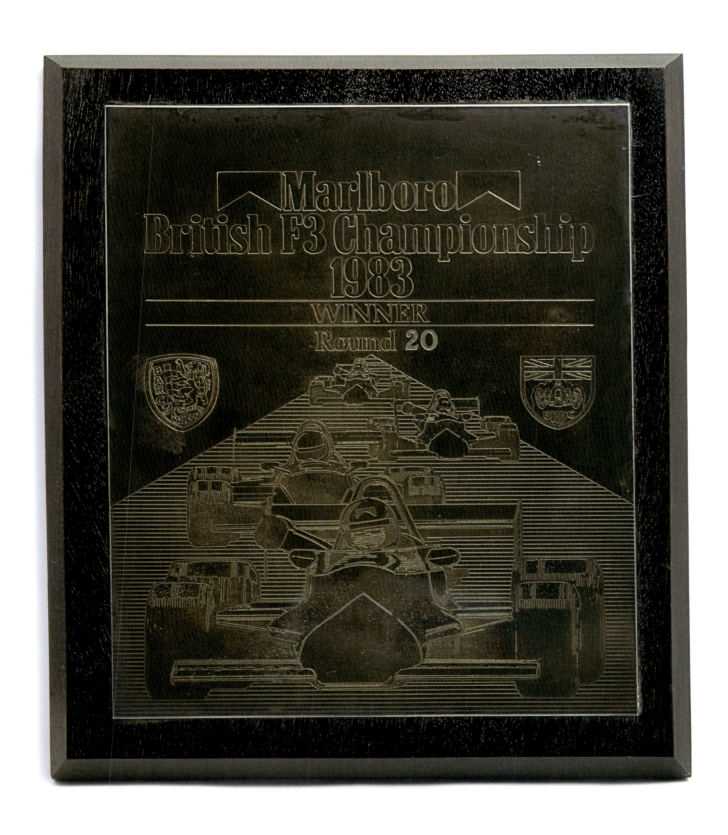

26. Placa de vencedor da 20ª etapa do Campeonato Marlboro de Fórmula 3 *Thruxton, 1983*
26. Winner's plaque from the 20th stage of the Marlboro Formula 3 Championship *Thruxton, 1983*

Antes do começo da temporada de 1984, Ayrton Senna realizou testes com a Williams, com a Brabham e com a McLaren. Sua confiança, seu conhecimento técnico e, principalmente, seu pé de chumbo impressionaram os chefões das melhores equipes da Fórmula 1. Mas questões contratuais e econômicas complicaram a entrega de um dos grandes cockpits àquele novato. Sorte da Toleman: a pequena escuderia inglesa, em seu quarto ano de atividade, fechou um contrato com o piloto, que estrearia na F-1 em casa, justamente na abertura da temporada, no Grande Prêmio do Brasil, no autódromo de Jacarepaguá. Foi no calor escaldante do Rio de Janeiro que o paulistano, vestido com o macacão branco da Toleman, usou pela primeira vez sua credencial de piloto de Fórmula 1 – na qual se lia, inadvertidamente, "Ayton Senna". Não havia de ser nada. Muito em breve, Ayrton Senna da Silva se apresentaria para o mundo com todas as letras.

Before the start of the 1984 season, Ayrton Senna tried out for Williams, Brabham and McLaren. His confidence, technical knowledge and, most of all, his need for speed impressed the bosses of the top-tier teams in F1. However, contractual and financial issues were to stand between the youngster and those coveted cockpits that year. Williams and McLaren's loss, Toleman's gain. The English minnow, in only its fourth year on the grid, signed the sport's bright young promise, who made his F-1 debut at home, at the Brazilian GP. It was in the scathing heat of the Jacarepaguá track in Rio de Janeiro that Senna wore his first Formula One driver's credential — under the mistyped name "Ayton Senna". No biggie: pretty soon the bullish Brazilian was going to be formally introduced to the world, with no mistakes.

27. Credencial de piloto da Toleman, emitida pela FIA *1984*
27. Toleman driver's credential, issued by FIA *1984*

28. Macacão da Toleman, usado na temporada de 1984 da Fórmula 1
28. Toleman race suit, worn during the 1984 Formula 1 season

Eis o cartel de Ayrton Senna após as cinco primeiras etapas do Mundial de 1984: uma não classificação, dois abandonos e dois sextos lugares. Estes, aliás, muito comemorados pela Toleman – cujo carro, cá para nós, não podia ser considerado dos mais confiáveis. Mas era o que brasileiro tinha às mãos para a sexta corrida da temporada. O Grande Prêmio de Mônaco. Uma das provas de maior prestígio do calendário automobilístico mundial. Disputada nas charmosas ruas do Principado. E, naquele ano, prestes a testemunhar o surgimento de uma nova estrela. Guiando alucinadamente em meio à chuva forte de Monte Carlo, Ayrton, que largou na 13ª posição, jantou todos os concorrentes e só não venceu porque os senhores comissários acharam por bem encerrar a prova antes que ele ultrapassasse também o líder Alain Prost. A manobra constrangedora dos dirigentes apenas serviu para valorizar ainda mais a performance do voador brasileiro no palco mais nobre da Fórmula 1. A partir daquele domingo, Senna não era mais uma surpresa.

Ayrton Senna's scorecard after the first five races of the 1984 season was as follows: one non-classification, two retirements and two sixth places. The two sixth-place finishes, worth a point apiece, were cause for great celebration at Toleman, whose car, truth be told, was not exactly trustworthy. But it was what the Brazilian had to work with at the sixth GP of the year in Monaco, one of the most prestigious events on the world motorsports calendar, disputed on the winding streets of the charming principality. And Monte Carlo was about to witness the ascent of a new star. Going hell-for-leather through the driving rain, Ayrton, who started 13th on the grid, chewed his way through the entire field and only failed to win because the stewards saw fit to terminate the race before he could overtake the leader, Alain Prost, as well. The governing body's embarrassing rug-pulling only served to underscore the Brazilian's epic performance on Formula One's most noble stage. From that Sunday on, Senna was no longer a surprise to anyone.

29. Capacete usado na temporada de 1984 de Fórmula 1
29. Helmet worn during the 1984 Formula 1 season

Ao chegar à F-1, os patrocinadores internacionais enfim apareceram. Um deles era a marca italiana de material esportivo Sergio Tacchini, célebre por vestir tenistas como Jimmy Connors, John McEnroe, Ilie Nastase e Martina Navratilova. Oficialmente, a parceria com Ayrton Senna não foi tão longa. Mas um abrigo entregue pela marca ao piloto sobreviveu e muito ao contrato de patrocínio. O traje tornou-se um dos xodós do brasileiro, que, encantado com o conforto do conjunto, passou a usá-lo em praticamente todas as viagens que fazia – a tal ponto que seu pai, ao vê-lo no aeroporto mais uma vez vestindo a indumentária, deu-lhe um puxão de orelha. "Rapaz, de novo? Os fotógrafos que estão aí vão achar que você só tem essa roupa." Ayrton percebeu que, de fato, seu Milton poderia ter razão. Na viagem seguinte, apareceu para o embarque com paletó e calça social. Ao entrar no avião, porém, abriu a bagagem de mão e tirou de lá o velho agasalho, dobrado e pronto para uso. Um rápido pit stop no banheiro da aeronave e pronto – tudo certo para mais uma confortável decolagem.

With his arrival at F1, the major sponsors finally came. One of these was the Italian sportswear company Sergio Tacchini, famous for dressing the tennis stars Jimmy Connors, John McEnroe, Ilie Nastase and Martina Navratilova. Officially, the partnership didn't last very long, but the Brazilian's relationship with a certain complimentary tracksuit would far outlast the contract. The piece became one of Ayrton's favourites, and he found it so comfortable that he started wearing it on almost every flight he took. It became such a travel uniform that his father had to tick him off for it. "Again, lad? The press photographers are going to think that's the only clothes you've got". Ayrton realized his father might have had a point and wore a blazer and slacks on his next trip to the airport. Once on-board, however, a quick pit stop in the restroom with his hand luggage and he was comfortably kitted out in his trusty Tacchini.

30. Conjunto esportivo Sergio Tacchini
30. Sergio Tacchini tracksuit

A primeira disputa do Campeonato Mundial de Fórmula 1 de 1985 foi o Grande Prêmio Ayrton Senna. As proezas realizadas ao volante da Toleman haviam deixado evidente que o jovem já estava maduro o bastante para guiar um carro de verdade. Williams, Ferrari e Brabham brigaram por seu passe, mas foi a Lotus quem acabou ficando com o prodígio. O brasileiro era considerado uma peça fundamental na recuperação da escuderia inglesa – cujos bólidos, nos áureos tempos, haviam conduzido nomes como Jim Clark, Graham Hill e Emerson Fittipaldi ao título mundial. Além da rica história, a Lotus ofereceria a Ayrton um carro totalmente renovado – que, apesar de ainda não ser um equipamento de ponta, era sem dúvida o mais belo da categoria. Já chamativo, o visual preto e dourado da Lotus número 12 foi completado por uma genial pincelada de Sid Mosca. O designer substituiu o amarelo opaco do capacete de Senna por um tom fluorescente – que, de acordo com ele, deixaria o piloto, no contraste com a carenagem, como uma "bola de fogo" dentro do cockpit. Uma bola de fogo que chuva nenhuma conseguiria apagar.

The first race of the 1985 Formula One World Championship was the Ayrton Senna Grand Prix. The young driver's feats behind the wheel of his Toleman had left no doubt in anyone's mind that he was ready for a real car. Williams, Ferrari and Brabham scrambled for his signature, but it was Lotus who landed the prodigy. The British team's former glories included world titles for the likes of Jim Clark, Graham Hill and Emerson Fittipaldi, and Senna was considered key to its return to greatness. Besides a rich history, Lotus also offered a completely re-profiled car — which, though not yet cutting-edge, was certainly the most eye-catching ride on the circuit. The fetching black and gold Lotus was given an extra but ingenious touch by designer Sid Mosca, who switched the canary yellow on the driver's helmet for a fluorescent hue that, in contrast with the car paint, seemed to glower like a "ball of fire" in the cockpit — a flame no rain could douse.

31. Capacete usado na temporada de 1985 de Fórmula 1
31. Helmet worn during the 1985 Formula 1 season

Para desespero dos integrantes do departamento de marketing do Banerj, picuinhas políticas relativas à troca de governo no Estado do Rio de Janeiro haviam impedido a instituição de renovar o contrato de patrocínio com Ayrton Senna em 1984 – mesmo com o piloto, em um gesto de gratidão pelo apoio nos tempos difíceis, tendo proposto receber um valor muito inferior às milionárias cifras praticadas na Fórmula 1. O Banco Nacional, então, entrou no vácuo deixado pelo Banerj e passou a estampar sua marca no carro, no macacão e na cabeça do novo garoto-propaganda a partir da temporada de 1985, obtendo uma visibilidade que superaria as melhores expectativas. Fundado na década de 1940 em Minas Gerais, o Nacional já contabilizava algumas ações campeãs no campo da publicidade – a maior delas o patrocínio, em 1969, do recém-criado Jornal Nacional, da Rede Globo. Mas nenhuma delas seria tão fecunda e duradoura quanto a parceria com Ayrton. O boné azul se tornaria um ícone mundial e acompanharia Senna até sua última corrida.

To the despair of the marketing department at Banerj, political shenanigans caused by a change of governor in Rio de Janeiro prevented the bank from renewing its sponsorship deal with Senna, despite the driver agreeing to a far lower sum than normally practiced in the millionaire world of F1, out of gratitude for past support. Banco Nacional was quick to fill the space on the driver's headgear, overalls and car for the 1985 season, and they couldn't have wished for a better billboard. Founded in Minas Gerais in the 1940s, Nacional had a history of marketing masterstrokes, not least their 1969 sponsorship of the recently-founded Rede Globo TV network's evening news broadcast, Jornal Nacional. However, no past efforts would prove quite as fruitful or lasting as their partnership with Ayrton Senna. The bank's blue cap would become something of a global icon which Senna wore right up to his final race.

32. Boné Nacional
32. Nacional sponsor's cap

No domingo, 21 de abril de 1985, um dilúvio caiu sobre Portugal. Encharcou os 4.350 metros da pista do circuito de Estoril. E lavou a alma dos brasileiros. Em mais uma extraordinária demonstração de perícia e velocidade na chuva, Ayrton Senna alcançou sua tão esperada primeira vitória na Fórmula 1. O piloto conduziu a Lotus à linha de chegada sem qualquer sobressalto, dando voltas e mais voltas na pobre concorrência que lutava para segurar seus carros sacolejantes no autódromo lusitano. Quando recebeu a bandeirada final, Senna desafivelou os cintos para celebrar com os punhos cerrados; o cockpit havia ficado pequeno demais para tanta alegria. Do topo do pódio, orgulhoso, Ayrton fez questão de levantar o distinto troféu recebido da organização da prova. Uma condecoração com singelas miniaturas de carrinhos de vidro era pouco usual em uma competição entre pilotos profissionais de automobilismo – mas totalmente apropriada para quem realizava um sonho de criança.

On Sunday April 21, 1985, Portugal was hit by a rainstorm that left the Estoril race track a 4,350-meter aquaplane. It also proved a balsam for the Brazilian sporting soul. In yet another display of speed and skill on a wet track, Senna sealed his first Grand Prix win in Formula One. The Brazilian spirited his Lotus to easy victory while the rest of the field struggled to keep their cars on the track. When he took the chequered flag, Senna unbuckled his seatbelt so he could punch the air in celebration. The cockpit had become too small to contain so much joy. Ayrton made a point of raising the delicately-crafted trophy as he stood, brimming with pride, on the podium. With miniature glass racing cars embossed on the steel sides, the cup was a playful little thing in comparison with most motorsport trophies, but perfectly on-tone for a kid who'd just seen his childhood dream come true.

33. Luvas usadas no GP de Portugal de 1985
33. Gloves worn at the 1985 Portuguese Grand Prix

34. Troféu de vencedor do GP de Portugal de 1985
34. Winner's trophy from the 1985 Portuguese Grand Prix

Depois de nadar de braçada em Estoril, Ayrton Senna ganhou mais uma corrida – o Grande Prêmio da Bélgica, em Spa Francorchamps – e terminou o ano de 1985 com um muito comemorado quarto lugar no Mundial de pilotos, à frente de seu companheiro de equipe, o competente Elio de Angelis, e dos campeões Nelson Piquet e Niki Lauda. Além de confirmar sua habilidade em condições atmosféricas adversas – para não dizer impraticáveis –, o brasileiro apresentou ao mundo da Fórmula 1 um outro cartão de visita, que lhe valeria um novo e duradouro apelido: "Rei da Pole". Ayrton sabia exatamente como extrair o máximo de seu carro no qualifying, compensando as diferenças de equipamento com uma leitura precisa de cada ponto do autódromo e uma velocidade assombrosa. Naquela temporada, Senna largou na frente em sete das dezesseis etapas. Em toda a carreira, seu índice de 40% de pole positions só é superado pelos números do mestre Juan Manuel Fangio, 57%.

After practically rowing home at Estoril, Ayrton Senna won his second GP at Spa Francorchamps in Belgium and finished the year in fourth place in the driver's championship, ahead of his teammate, the competent Elio de Angelis, and two former world champions, Nelson Piquet and Niki Lauda. Not only had he confirmed his skill under adverse — if not downright impracticable — meteorological conditions, but the Brazilian had earned himself a catchy and lasting nickname: "The Pole King". Ayrton had a knack for squeezing the maximum out of his car during qualifying, compensating for equipment shortfalls with a precise reading of each and every point on the track that allowed him to reach and maintain staggering speeds. During that season alone, Senna took pole position at seven out of the sixteen meets. His career pole-position rating is 40% overall, second only to the master Juan Manuel Fangio, at 57%.

35. Troféu de pole position do GP de Mônaco de 1985
35. 1985 Monaco Grand Prix pole position trophy

36. Troféu de pole position do GP de San Marino de 1985
36. 1985 San Marino Grand Prix pole position trophy

37. Troféu de vencedor do GP da Bélgica de 1985
37. Winner's trophy from the 1985 Belgian Grand Prix

Mesmo com uma máquina visivelmente inferior à de seus adversários, Senna já conquistara seu lugar na tropa de elite da Fórmula 1. Depois de registrar um segundo posto em Jacarepaguá, na abertura da temporada de 1986, Ayrton chegaria pela primeira vez à liderança do Mundial graças a um triunfo épico na etapa seguinte, em Jerez de La Frontera, quando sua Lotus participou de uma tríplice batalha contra a McLaren de Alain Prost e a Williams de Nigel Mansell. A três voltas do final, o inglês, rugindo com pneus novos, deixou o francês para trás e iniciou uma caçada feroz ao brasileiro. Na reta de chegada, o Leão saiu do vácuo e partiu para a ultrapassagem. Foi de tirar o fôlego: Senna cruzou a linha apenas 14 milésimos de segundo à frente de Mansell. Uma fração de tempo dez vezes menor que um piscar de olhos – algo que nem mesmo o belo relógio que ganhou do chefe de equipe Peter Warr como lembrança do feito sonharia em registrar.

Even with a visibly inferior machine, Senna had earned his place among Formula One's top-tier. Building on a second-place finish in the opening race of the 1986 season, at Jacarepaguá, the Brazilian won in Jerez de La Frontera to lead the driver's championship for the first time in his career. It was a three-way battle to the finish line. Nigel Mansell's Williams, purring on new tires, left Alain Prost's McLaren in its wake and bore down on Senna's Lotus, hunkering behind it, poised for the pass. In the closing straight, the British Lion pulled out of the slipstream and moved to overtake. It was a breathtaking finish, with Senna pipping Mansell to the post by a mere 14-thousandth of a second, a fraction ten times briefer than the blink of an eye — a shaving of time so negligible that not even the beautiful precision wristwatch he received as a gift from team boss Peter Warr could register.

38. Macacão da Lotus, usado na temporada de 1986 da Fórmula 1
38. Lotus race suit, worn during the 1986 Formula 1 season

39. Relógio presenteado por Peter Warr após o GP da Espanha de 1986
39. Watch given to Senna by Peter Warr after the 1986 Spanish Grand Prix

40. Lotus 98T, pilotada na temporada de 1986
40. Lotus 98T, driven during the 1986 season

41. Volante da Lotus *1986*
41. Lotus steering wheel *1986*

Sábado, 21 de junho de 1986. O Brasil está parado para assistir ao jogo da Seleção contra a França, pelas quartas-de-final da Copa do Mundo do México. Enquanto isso, em Detroit, Ayrton Senna pisa fundo no treino classificatório para conquistar a pole do GP dos Estados Unidos – e pisa ainda mais fundo para voltar ao hotel a tempo de se juntar à corrente de quase 150 milhões de brasileiros na torcida pelo time de Telê Santana. A derrota nos pênaltis, porém, não estava no script. No domingo, Senna, depois de ser devidamente azucrinado pelos engenheiros e mecânicos franceses da Renault, saiu para a pista disposto a levantar um pouco o moral dos brasileiros. De fato, sua vitória foi um alento – completado por um gesto instintivo que entraria para a história. Ao ver um compatriota comemorando na grade do autódromo, Senna parou o carro, pediu ao fiscal que lhe entregasse a bandeira do Brasil do torcedor e seguiu caminho empunhando o pavilhão verde-amarelo. Foi a primeira de muitas vezes que Senna fez o orgulho brasileiro tremular aos olhos do mundo.

Saturday, June 21, 1986. Brazil comes to a halt to watch the national team take on France in the quarter finals of the World Cup in Mexico. Meanwhile, in Detroit, Ayrton Senna roars to pole position at the US Grand Prix, then makes an even faster dash for his hotel to join the other 150 million Brazilians rooting for coach Telê Santana's squad. However, a painful defeat on penalties wasn't in the script. That Sunday, after a proper goading by Renault's French engineers and mechanics, Senna took to the track intent on giving Brazil something to smile about. In fact, his victory was a proper morale boost, and it came with an instinctive gesture that would go down in sporting history. On his lap of honour, Senna pulled up at the fence and asked a race steward to fetch him a Brazilian flag some fans were waving in the stands, then continued on his way with the green and yellow colours flapping in the wind. It was the first of many times Senna would make Brazilian hair stand on-end with national pride.

42. Bandeira do Brasil
42. Brazilian flag

43. Troféu de vencedor do GP dos Estados Unidos de 1986
43. Winner's trophy from the 1986 American Grand Prix

Três anos depois de ter a vitória no principado surrupiada pelos comissários, Senna voltou a cruzar a linha de chegada do Grande Prêmio de Mônaco em primeiro lugar – desta vez, com uma inviolável vantagem de 33 segundos à frente de Nelson Piquet. A corrida em si não foi das mais emocionantes. Ayrton, que largara em segundo, herdou de bandeja a liderança na metade da prova, depois da quebra do turbo do pole position Nigel Mansell, e só precisou conduzir a Lotus até o final. Mesmo assim, o triunfo foi histórico: pela primeira vez, um brasileiro subia ao degrau mais alto do pódio em Monte Carlo. E todo esse contexto talvez explique a abusada celebração de Senna. Para desespero dos seguranças, o piloto quebrou o protocolo e deu um banho de champagne no príncipe Rainier, na princesa Caroline e no príncipe Albert. A travessura foi recebida com esportividade pela família real, que aceitou elegantemente as desculpas do vencedor – desde que, no tradicional jantar de gala no palácio, ele mantivesse a bebida dentro das taças.

Three years after having victory in Monte Carlo snatched from his teeth by the race stewards, Senna crossed the finish line in Monaco ahead of the field — way ahead, with second-placed Nelson Piquet lagging 33 seconds behind. The race itself wasn't exactly a barnstormer. Ayrton started second on the grid, but was handed the lead half-way through the race, when Nigel Mansell's turbo piffed. From that point on, all the Brazilian had to do was stay on the track. It was a landmark victory all the same. For the first time ever, a Brazilian took the top spot on the podium in Monte Carlo, a fact that goes some way toward explaining Senna's uproarious celebration. To the security guards' dismay, the Brazilian broke all protocol and doused Prince Rainier, Princess Caroline and Prince Albert in champagne. The Royal family took the prank in good sport and elegantly accepted the upstart's apologies — on condition that he kept his drink in the glass at the traditional gala dinner at the palace.

44. Lotus 99T, pilotada na temporada de 1987
44. Lotus 99T, driven during the 1987 season

A liderança no Mundial de Pilotos de 1986 se esvaiu na segunda metade do campeonato. Nem poderia ser diferente: com problemas mecânicos, Senna precisou abandonar nada menos do que cinco das nove últimas corridas. Para ir mais longe, era preciso deixar o carro mais confiável. E assim a Lotus entrou em 1987 apresentando diversas novidades. A principal delas estava escondida sob a carenagem: os motores Renault deram lugar aos propulsores Honda, que haviam levado a Williams, com folga, ao título do Mundial de Construtores no ano anterior. Mas havia outra mudança, essa bem mais evidente – e que dilacerou o coração dos puristas. Com a troca do patrocinador principal, John Player Special por Camel, a elegante e legendária pintura preta e dourada dos carros foi substituída por um amarelo berrante. Na repaginada Lotus, apenas o volante carregaria o clássico design da escuderia.

As was only to be expected, Senna's lead of the 1986 drivers' championship did not last into the second half of the season. Mechanical problems forced the Brazilian to retire from no fewer than five of the remaining nine races. To make it any further, he would need a more reliable car. So, for 1987, Lotus unveiled a series of novelties. Most telling of all was the change under the hood, with the Renault engines making way for the Honda motors that had powered Williams to easy victory in the previous year's constructors' championship. There were other changes too, of a more aesthetic nature, much to the chagrin of Lotus purists. A swap of sponsor saw John Player Special make way for Camel, which replaced the elegant and legendary black and gold bodywork for a garish yellow. On this new-look Lotus, the only staple that remained was the team shield on the steering wheel.

45. Garrafa de champagne recebida no pódio do GP de Mônaco
45. Bottle of champagne received on the podium in Monaco

No início de 1987, durante os testes para o Grande Prêmio do Brasil, Sid Mosca viu dois caças darem rasantes no autódromo de Jacarepaguá e saiu correndo para avisar Senna, um aficionado por aeronáutica. "Ele vai adorar ver isso", pensou. Quando chegou nos boxes, o designer teve uma surpresa. "Sid, você não entendeu. É ele que está num desses aviões." Convidado pela Força Aérea Brasileira a voar em um F5, Ayrton ficou no ar durante quarenta minutos, a mais de 1.300 km/h, e chegou a assumir o comando da aeronave por alguns instantes, com a autorização do coronel Silvio Potengi. A empolgação do amigo com o passeio fez Sid bolar um desenho especial para eternizar a experiência: dois aviões subindo pelas laterais e se encontrando no topo do capacete. Senna usou o modelo comemorativo no GP da Austrália de 1987, sua última corrida pela Lotus – de forma, talvez, apropriada. Em busca de novos ares, o brasileiro estava alçando voo para a McLaren, onde finalmente encontraria um carro à altura de sua supersônica velocidade.

At the beginning of the 1987 season, during training at the Jacarepaguá track in Brazil, Sid Mosca saw two air force fighter planes doing flyovers and rushed to call Senna, who was a real plane fanatic. "He's gonna love this", thought Sid. However, when the designer got to the boxes, he was met by quite a surprise. "Sid, you don't get it. He's in one of those jets". Senna had been invited to take a jaunt in an F5 and spent forty minutes hurtling through the air at speeds of up to 1,300 km/h. Colonel Silvio Potengi even allowed him to take control of the aircraft for some moments. Ayrton's excitement at the jet ride inspired Sid to come up with a commemorative design: jet fighters on either side of the helmet, meeting in the middle on the top. Senna wore the new design for the Australian Grand Prix in 1987, his last race for Lotus — and it was perhaps a fitting motif. In search of higher climbs, the Brazilian had signed with McLaren, where he would finally have a car to match his ambitions.

46. Capacete com pintura em homenagem à Força Aérea Brasileira, usado na temporada de 1987 da Fórmula 1
46. Helmet with painting in honour of the Brazilian Airforce, worn during the 1987 Formula 1 season

Sob o comando do mandachuva Ron Dennis, a McLaren montou um verdadeiro time dos sonhos para reconquistar, na temporada de 1988, o título do Mundial de Fórmula 1 perdido para a Williams. A escuderia costurou um acordo com a Honda, que passaria a fornecer seus quase invencíveis motores turbo para o novo modelo projetado por Gordon Murray e Steve Nichols. Para dividir os boxes com o bicampeão mundial Alain Prost, a equipe anunciou a contratação de Ayrton Senna – formando assim aquela que para muitos foi a melhor dupla da história da Fórmula 1. Nem mesmo as mudanças de regulamento determinadas pela FIA antes da temporada, tentando limitar a potência dos motores turbo e estreitar o abismo entre as equipes, diminuíram a confiança pelos lados de Woking. Ao dar as primeiras voltas no MP4/4, o experiente Prost garantiu a Ron Dennis que aquele carro ganharia o campeonato mundial. Só restava saber com qual dos pilotos.

Under the command of F1 powerhouse Ron Dennis, McLaren put together a veritable dream team in a bid to regain the world title lost to Williams. First of all, the team struck a deal with Honda to have its near-invincible turbo engines power the new car designed by Gordon Murray and Steve Nichols. To partner two-time world champion Alain Prost in the McLaren box, the team signed Ayrton Senna — forming what is often considered the best driving duo in the history of Formula One. Not even new regulations brought in to cap turbo engine power and narrow the gulf between top and second-tier teams could dampen the enthusiasm over in Woking. After his first test laps in the new MP4/4, the experienced Prost ensured Ron Dennis that the car was a title-winner. The question was which driver would take the laurels.

47. Credencial de piloto da McLaren, emitida pela FIA, 1988
47.McLaren driver's credential, issued by FIA, 1988

Que a McLaren era favorita, isso todos sabiam. Mas o domínio exercido pela escuderia inglesa em 1988 foi estarrecedor. Senna e Prost revezavam-se nas vitórias e acumulavam dobradinhas como se estivessem disputando um campeonato particular. Especialista nos treinos de classificação, o brasileiro conquistava pole position atrás de pole position. O francês, porém, era osso duro de roer. Calculista, buscava metodicamente os pontos necessários para avançar na tabela – ao contrário de seu adversário, dono de um ímpeto que quase comprometeu a temporada em Mônaco. A onze voltas do final, com uma vantagem de um minuto sobre Prost, Ayrton não quis saber de reduzir o ritmo e acabou batendo sozinho em uma curva na saída do túnel. O acidente, em suas próprias palavras, foi uma espécie de divisor de águas: depois do baque, o brasileiro tirou as devidas lições do episódio e recuperou-se vencendo seis das oito corridas seguintes – incluindo shows na chuva em Silverstone e Hockenheim. A duas provas do final, a dupla estava emparelhada na ponta da tabela. O campeonato podia acabar na penúltima etapa. No Japão.

That McLaren was tipped to win was no secret to anyone, but the English team's dominance in 1988 was truly frightening. Senna and Prost took turns on the first and second spots of podiums the world over, as if they were disputing a private championship all of their own. A specialist in qualifying laps, the Brazilian won pole after pole, but the Frenchman was a tough nut to crack. A gifted strategist, he chalked up the points he needed to make his way up the table, step by step. The Brazilian, on the other hand, drove by the seat of his pants, and it almost cost him dear at Monaco. With eleven laps to go and a minute's lead on Prost, Ayrton wouldn't hear of taking it easy and ended up crashing out of the race on a curve just out of the tunnel. That accident was, in his own words, a watershed. Lesson learned, he stormed back to form and took six of the next eight races — delivering masterclasses in the rain at Silverstone and Hockenheim. With two races to go, the pair sat comfortably at the top of the table, which meant all could be decided at the second-last race of the season, in Japan.

48. Troféu de vencedor do GP da Alemanha de 1988
48. Winner's trophy from the 1988 German Grand Prix

Mais de 120 mil espectadores superlotavam o circuito de Suzuka. Para garantir o título naquele GP do Japão, dia 30 de outubro de 1988, Ayrton só precisava de uma vitória simples. Mas tudo se tornou extremamente complexo quando o motor de sua McLaren apagou não uma, mas duas vezes após a largada: da pole position, o brasileiro caiu para o 16º lugar, com uma infinidade de retardatários entre ele e Prost, que disparara na ponta. Era hora de o "mágico" – como os fanáticos nipônicos o chamavam – fazer jus ao apelido. Ao final da primeira volta, Senna já havia deixado oito rivais para trás; na 11ª, alcançou a terceira posição, ainda muito atrás, contudo, do companheiro de equipe. Foi quando a chuva deu as caras na terra do sol nascente. Na verdade, uma garoa rápida, mas suficiente para molhar a pista e permitir que Senna tirasse alguns preciosos segundos por volta e encostasse no francês. A ultrapassagem aconteceu na 28ª volta – e, a partir daí, o piloto de 28 anos apenas acelerou para a história. Em questão de minutos, Ayrton Senna se tornaria campeão mundial de Fórmula 1.

A crowd of 120 thousand fans packed the stands at the Suzuka track. All Ayrton needed to win the title on that October 30, 1988, was a simple win. However, when his engine failed not once but twice at the start of the race, that chance seemed to be slipping away from him. From first on the grid, the Brazilian was down to 16th, with a whole field of stragglers between him and Prost, who had opened up an ample lead. It was time for the "magician", as his Japanese fans called him, to pull some of his tricks. By the end of the first lap, Senna had already clawed back eight positions. By the 11th, he was in third place, though still far adrift of Prost. It was then that it rained in the land of the rising sun. In fact, it was just a brief shower, but it was enough to chip precious seconds off the Frenchman's lead per lap. Senna had caught him, and he made his move on lap 28, overtaking Prost to win his first Formula One world title, at the age of... 28.

49. Capacete usado na temporada de 1988 de Fórmula 1
49. Helmet worn during the 1988 Formula 1 season

50. Troféu de campeão da temporada de 1988 da Fórmula 1
50. 1988 Formula 1 Champion's trophy

Duraram muito pouco os sorrisos que Ayrton Senna e Alain Prost ensaiaram para a apresentação da McLaren em 1989. A rivalidade entre os dois, quente desde o GP de Portugal da temporada anterior – quando o brasileiro espremeu o francês contra o muro dos boxes para evitar uma ultrapassagem –, chegou ao ponto de fervura já na segunda etapa do campeonato. Em Imola, Alain acusou o colega de "traição", garantindo que Ayrton havia descumprido um acordo de manutenção de posições após a segunda largada. Dois meses depois, Prost, irritado, anunciou que abandonaria o volante da McLaren após o Mundial – reservadamente, dizia que Senna criara um ambiente "detestável" na escuderia. A quatro provas do final, o francês liderava o campeonato com uma vantagem de vinte pontos, mas ainda assim reclamava de um suposto tratamento especial da McLaren e da Honda ao defensor do título. Jean-Marie Balestre, presidente da FIA, apressou-se em apoiar a teoria conspiratória do compatriota e cobrou de Ron Dennis igualdade para os pilotos. O pior ainda estava por vir.

The smiles Senna and Prost had rehearsed for the 1989 McLaren team presentation didn't last long on their faces. The rivalry between the two men, which had been simmering since the Portugal GP of the previous season, when the Brazilian almost ran the Frenchman into the pit wall to avoid being overtaken, reached boiling point toward the end of the championship. At Imola, Prost accused his teammate of "breaking a deal" they'd made that whoever was leading at the first corner after the start of the race would be allowed to hold position (Senna overtook him after a race restart). Two months later, an angry Prost announced that he was leaving McLaren at the end of the season — in private, he contended that the team and Honda were favouring Senna and that the Brazilian had created a "toxic" atmosphere. With four races to go, the Frenchman was twenty points ahead of the Brazilian, but still complained that Senna, the reigning champion, was being given special treatment by McLaren and Honda. Jean-Marie Balestre, FIA President, was quick to support his compatriot's conspiracy theory and demanded equal treatment for both drivers. However, the worst was yet to come.

51. Volante da McLaren
51. McLaren steering wheel

Quando o menino Ayrton Senna da Silva começou a ganhar seus primeiros troféus, ainda na época do kart, seu Milton costumava brincar com a falta de criatividade das premiações brasileiras. "É tudo igual. Só tem mulher voadora. Olha aqui mais uma", dizia, antes de confiar a peça recém-conquistada à dona Neyde, responsável desde aquela época pela custódia da prataria do filho. Se no começo Miltão não tinha muita paciência com os troféus conquistados nas pistas – ao menos aqueles nos quais a deusa Vitória aparecia com suas vistosas asas abertas –, a coisa mudou de figura quando Ayrton chegou à Fórmula 1. Por pressão do pai, Senna fez questão que fosse incluída em seu contrato com a Lotus uma cláusula para garantir a divisão de taças entre piloto e equipe, já que a praxe era a escuderia ficar com as peças e deixar o corredor de mãos abanando. Dessa forma, Senna pôde montar sua coleção de troféus, que passou a incluir algumas insígnias, digamos, peculiares, como o prêmio dado ao vencedor do GP da Espanha. Ao menos no quesito diversidade, agora seu Milton não podia mais reclamar.

When the young Ayrton Senna da Silva started winning trophies during his go-kart years, Milton used to joke about the sheer lack of creativity that went into the silverware: "They're all the same. Just flying women. Look, here's another", he'd say, as he handed the cup to his wife Neyde, who was in charge of her son's trophy cabinet. However dismissive he might have been of race silverware in the early days — at least of those displaying the goddess Nike with her eye-catching wingspan —, he changed his tune when his son hit the big-time of F-1. On his father's insistence, Ayrton Senna had a clause added to his contract with Lotus to the effect that all trophies had to be shared between the driver and the team, which traditionally kept the cups and plaques, leaving the driver empty-handed. This meant Senna was able to keep his trophy collection up-to-date, and his cabinet went on to receive some rather peculiar additions, such as the keepsake from the GP in Spain. At least in terms of diversity, Milton had nothing to complain about there.

52. Troféu de vencedor do GP da Espanha de 1989
52. Winner's trophy from the 1989 Spanish Grand Prix

Lamentavelmente, o campeonato mundial de 1989 não foi decidido na pista de Suzuka. Ultrapassado por Prost na largada, Ayrton Senna, que necessitava da vitória para manter vivas as chances de título, tentou um troco desesperado a cinco voltas do final, forçando a passagem por dentro, na curva da chicane. Sem a menor intenção de negociar a liderança, o francês fechou a porta; as duas McLaren colidiram e acabaram na área de escape. O abandono do brasileiro daria o tri a Prost, que desceu do carro já pensando na comemoração. No entanto, ao notar que o rival conseguira voltar ao traçado, o afilhado de Jean-Marie Balestre correu para a sala dos comissários. Abracadabra: em questão de minutos, logo depois de Senna consumar mais uma vitória impossível, os organizadores anunciaram a desqualificação do carro número 1, por cortar a chicane no retorno à pista. De nada adiantou o recurso da McLaren, sustentando que o procedimento era legal e já havia sido realizado diversas vezes por outros pilotos, sem exclusões ou punições. Prost venceu o campeonato. A Fórmula 1 perdeu.

Lamentably, the 1989 world championship was not decided on the track at Suzuka. Passed by Prost straight off the grid, Ayrton Senna, who needed a win to keep his title hopes alive, made a last-dash attempt to overtake Prost on the inside with five laps to go. The Frenchman was in no mood to open any doors and the two McLarens crashed out at the chicane. Senna's retirement from the race would have automatically handed Prost the title, and he climbed out of his stalled car ready to celebrate. Senna, however, managed to restart his McLaren and went on to win the race after pitting for new nose wing. Seeing the Brazilian re-enter the fray, Jean-Marie Balestre's protégé made for the stewards' office, where, in a stroke of magic, Senna, who had just consummated another miracle recovery, was disqualified for cutting the chicane down the escape road. McLaren appealed, claiming that the procedure was legit and that many drivers had done the same before without sanction or disqualification, but the decision stood. Prost won. F-1 lost.

Foi por pouco, mas por muito pouco mesmo que Ayrton Senna não desistiu da Fórmula 1 na pré-temporada de 1990. Como se a desclassificação no GP do Japão já não tivesse sido absurda o suficiente, o campeão mundial de 1988 foi oficialmente penalizado pela Federação Internacional de Automobilismo por "condução perigosa". Recebeu uma multa de 100 mil dólares e teve sua licença suspensa por seis meses com sursis – o que significava que a punição só seria aplicada se o réu cometesse uma infração grave nesse período. Ou seja: o brasileiro continuaria no radar da FIA, de castigo, recebendo o tratamento indigno de uma espécie de garoto problema. Cada vez mais sem estômago para aguentar a indecorosa política que reinava nos altos escalões da Fórmula 1, Senna considerou seriamente abandonar o esporte naquele momento. Familiares e amigos, porém, o convenceram de que essa decisão seria a vitória definitiva de seus inimigos. O negócio, então, era calçar as sapatilhas e dar o troco na pista.

Ayrton Senna very — but very — nearly quit Formula One during 1990 pre-season training. As if disqualification in Japan hadn't been ridiculous enough, the 1988 world champion was officially sanctioned by the International Automobile Federation for "dangerous driving". He was hit with a hundred-thousand-dollar fine and a suspended six-month ban to come into effect should he incur any further penalties within a period of six months. In other words, the Brazilian was on FIA's naughty list, placed in the indignant position of being watched over like an errant kid. Sick to his stomach at the political cronyism that reigned in F-1, Senna came within a hair's breadth of handing in his credentials. In the end, he was talked out of it by family and friends, who convinced him that his retirement was precisely what his enemies wanted. The only way he could beat them was by winning on the track.

53. Sapatilhas Diadora
53. Diadora slippers

Durante um ano inteiro, ela ficou completamente distante da McLaren. Mas, com a chegada de Gerhard Berger para o lugar de Alain Prost, a paz voltou a reinar nos boxes da escuderia de Woking, para alívio de Ron Dennis. Preciosos fios de cabelo de sua combalida cobertura foram preservados pela excelente relação desenvolvida entre o brasileiro e o austríaco, cuja espontaneidade conquistou não apenas a simpatia de Senna, mas, principalmente, sua confiança. Berger, que não havia chegado para ser segundo piloto, logo viu que seria impossível superar Ayrton – a briga do brasileiro seria de novo com Prost, agora na Ferrari. Mais uma vez, o equilíbrio entre os arquirrivais deu o tom do campeonato: nas dez primeiras etapas, quatro vitórias para cada um. Senna triunfou nos Estados Unidos, no Canadá, na Alemanha e, pela terceira vez na carreira, em Mônaco. O smoking usado na recepção oferecida pela família real voltaria a ser visto no final da temporada – em uma festa de gala com sabor especialíssimo.

Having given McLaren a wide berth through preseason, peace was restored to the Woking team's boxes with the arrival of Gerhard Berger, who replaced Alain Prost. It was a great relief to Ron Dennis, who managed to retain some pretty precious hair cover thanks to the excellent relationship between the Brazilian and the Austrian, whose spontaneous nature not only entertained Senna, but won his trust. Berger had not been hired as a second driver, but he soon realized he was no match for his teammate, whose main battle would continue to be with Prost — this time, at Ferrari. Once again, the parity between the arch-rivals set the tone for the entire championship. Out of the first ten races, they took four apiece. Senna won in the US, Canada, Germany and, for the third time in his career, at Monaco. The tuxedo he wore to the gala dinner in Monte Carlo would be aired again, at the end-of-season bash, with a special taste of achievement.

54. Smoking
54. Tuxedo

Em seis anos de carreira na Fórmula 1, Ayrton Senna jamais vencera o Grande Prêmio da Itália. Quebrar esse tabu na temporada de 1990 teria um sabor especial: Monza agora era a casa de Alain Prost – e o francês teria a seu favor, além de uma Ferrari veloz como há muito não se via, o barulhento exército vermelho nas arquibancadas, alucinado diante da real possibilidade de comemorar o primeiro título de pilotos desde 1979. Como se a tarefa do brasileiro já não fosse suficientemente complicada, o motor de seu carro precisou ser trocado duas vezes nos treinos, deixando-lhe com pouquíssimo tempo para realizar os ajustes finais para a prova. Nesse contexto repleto de adversidades, Ron Dennis decidiu propor um desafio a Ayrton: caso conseguisse ganhar a corrida, contra tudo e contra todos, levaria a McLaren de número 27 para casa. Dito e feito. O prêmio daquela aposta agora abrilhanta a recepção do Instituto Ayrton Senna, no bairro de Pinheiros, em São Paulo, dando inesquecíveis boas-vindas aos visitantes.

After six years in Formula One, Senna had never won the Italian Grand Prix, so breaking that duck in 1990 was especially gratifying. Monza was like Prost's new home-away-from-home, and, in addition to a faster Ferrari than the world had seen in a long time, the Frenchman also had the advantage of a home crowd gone wild at the prospect of winning its first drivers' championship since 1979. As if the Brazilian's challenge weren't daunting enough already, he had to have his engine changed twice during training, which meant he had little or no time for final adjustments before race day. Given the array of diversities facing his driver, Ron Dennis decided to dangle an extra carrot: if Ayrton won the race, against all odds and all comers, he could take his No. 27 racer home with him. It was a bet too tantalizing to lose, and the car now gleams in the reception area of the Ayrton Senna Institute headquarters in São Paulo's Pinheiros neighbourhood. A rather unforgettable welcome mat.

55. McLaren MP4-5B, pilotada na temporada de 1990
55. McLaren MP4-5B, driven during the 1990 season

Crepúsculo da temporada de 1990. Novamente, o título poderia ser decidido no Grande Prêmio do Japão, penúltima etapa do Mundial. Nesta ocasião, porém, os protagonistas da disputa chegavam a Suzuka em posições trocadas: líder do campeonato, Ayrton Senna seria campeão caso Alain Prost não cruzasse a linha de chegada em primeiro lugar. Evidentemente, a ideia do brasileiro era presentear os fãs orientais com mais uma bela vitória; para isso, garantiu a pole position em um nervoso treino de classificação. Foi quando a FIA, mais uma vez, agora antes mesmo da corrida, começou a mexer seus pauzinhos. Inexplicavelmente, os comissários obrigaram Ayrton a largar no lado sujo da pista, o que acabaria com sua vantagem de estar na ponta e deixaria caminho livre para a arrancada do segundo colocado, Prost. O samurai brasileiro não engoliu a artimanha dos cartolas – e também não fez questão nenhuma de evitar a colisão com Prost, que tirou os dois pilotos da prova logo na primeira curva. Era o troco. Era o título. *Touché, monsieur* Balestre.

Closing stages of the 1990 season and, once again, it all came down to the Japan Grand Prix, the second-last race of the year. The protagonists were the same at the Suzuka track, but this time the roles were reversed: Senna would be champion unless Prost won the race. The Brazilian, of course, wanted to treat his fervent Oriental fanbase to a GP win, and he emerged from an edgy day of qualifying in pole position. In response, FIA decided to pull its strings once again, and, for no good reason, switched the pole to the dirty side of the track, effectively handing the advantage back to Prost, in second place on the grid. The Brazilian samurai would not take this lying down, and made no attempt to avoid a collision with Prost at the first turn that sent both cars out of the race. Payback. World title. Touché, monsieur Balestre.

56. Espada de samurai
56. Samurai sword

57. Troféu de campeão da temporada de 1990 da Fórmula 1
57. 1990 Formula 1 Champion's trophy

58. Jogo de pneus Goodyear Eagle
58. Goodyear Eagle tire set

A conquista do bicampeonato tirou um peso gigantesco das costas de Ayrton Senna – e lhe permitiu aproveitar como nunca seus passatempos preferidos. Na fazenda da família, em Tatuí, interior do Estado de São Paulo, o piloto montara um quartel-general completo para o aeromodelismo, hobby no qual era capaz de se debruçar por horas e horas. Em uma edícola com vista para o lago, Ayrton tinha ferramentas, peças de reposição, combustíveis e tudo mais que precisasse para colocar os aviões no ar. Carrinhos de controle remoto, alguns reproduzindo as famosas pinturas de seus Fórmulas 1, também tinham vez. Sua outra paixão eram os esportes náuticos – pilotava jet skis tanto em Tatuí quanto em Angra dos Reis, no litoral do Rio de Janeiro, onde possuía uma casa de veraneio. Mas mesmo nas horas de folga não descuidava da preparação física: fazia corridas diárias, sempre monitorando os batimentos cardíacos com um frequencímetro último modelo.

Regaining his world title to become two-time champion took a colossal weight off Ayrton Senna's shoulders, leaving him to enjoy his off-season pastimes. At the family ranch in Tatuí, in the São Paulo countryside, Ayrton set up a mancave fully equipped for his favourite hobby, flying model aircraft. This lakeside addendum was stocked with tools, spare parts, fuel and everything else you might need to get a model plane airborne. There was also a collection of remote-control cars and painted miniature replicas of his Formula One racers. Another passion was water sports. Ayrton liked to ride jet skis both at the lake in Tatuí and at his beach house in Angra dos Reis, on the Rio coast. He never neglected his fitness, though. He went for daily runs, always equipped with what was then an ultra-modern heart rate monitor.

59. Aeromodelo de rádio controle com duas asas
59. Radio-controlled model biplane

60. Helicóptero de rádio controle
60. Radio-controlled model helicopter

61. Carro de controle remoto
61. Radio-controlled model car

62. Aeromodelo de rádio controle
62. Radio-controlled model airplane

63. Raquete de tênis
63. Tennis racket

64. Jet ski Kawasaki X-2
64. Kawasaki X-2 jet ski

65. Frequencímetro com relógio de pulso
65. Wrist heart rate monitor

Quase a totalidade das fotografias que revelam os flagrantes da vida particular do piloto Ayrton Senna, bem como algumas de suas melhores imagens na pista, são fruto do olhar apurado do japonês Norio Koike. Ao longo de sua carreira, Senna chegou a ser muito próximo de alguns fotógrafos do círculo automobilístico internacional, como o inglês Keith Sutton e o italiano Angelo Orsi. Mas nenhum deles ultrapassou a linha que separava o profissional do pessoal como Norio, que, a partir do final da década de 1980, se tornou fotógrafo oficial do brasileiro. Fosse em Silverstone ou em Angra dos Reis, lá estava o pequenino oriental com a câmera na mão. Os laços de amizade entre os dois eram fortes. Tão fortes que, sem a presença de Ayrton na Fórmula 1, o fotógrafo não viu sentido em continuar exercendo seu trabalho nos circuitos. Cedeu ao Instituto Ayrton Senna as imagens e os direitos de um acervo de mais de 40 mil fotos do piloto, e, em um gesto carregado de simbolismo e reverência, entregou a câmera que fez as últimas fotos do amigo à família Senna.

Almost every photo of Ayrton Senna in his private world, and some of the best shots of him on the track, are fruit of the sharp eye of the Japanese photographer Norio Koike. Over the course of his career, Senna developed close relationships with some of the main photographers on the F-1 circuit, such as the Brit Keith Sutton and the Italian Angelo Orsi, but none of those got to cross the line between the professional and the private the way Koike did. From the late 80s on, he was the Brazilian's official photographer. Whether it was Angra dos Reis or Silverstone, there he was, camera in-hand. Such was their bond of friendship that Norio saw no point in continuing his work on the F-1 circuit once Ayrton was gone. In an act steeped in symbolism and reverence, he transferred his collection of some 40 thousand pictures, along with all relevant rights, to the Ayrton Senna Institute and gave the family the camera with which he had taken his last photos of his dead friend.

66. Máquina fotográfica entregue por Norio Koike à família Senna
66. Camera given to the Senna family by Norio Koike

67. Óculos de sol
67. Sunglasses

Por motivos óbvios, Ayrton Senna era favoritíssimo para conquistar mais um título em 1991. Antes de se ocupar com o tricampeonato, porém, o piloto tinha uma pendência mais urgente a resolver, logo na segunda etapa da temporada: vencer o Grande Prêmio do Brasil, o único sonho que ainda não havia conseguido realizar na F-1. A prova voltara a ser disputada no circuito de Interlagos, em São Paulo – e correr no quintal de casa, com o apoio maciço do público, colocou ainda mais pressão sobre seus ombros. Mesmo assim, o bicampeão segurou a ponta sem sustos... até o momento em que a caixa de câmbio da McLaren travou. Na sexta marcha. A seis voltas do final. A partir daí, manter o carro na pista exigiu de Ayrton uma superlativa combinação de técnica, concentração e esforço físico – sobrenaturalmente completada com a chegada da chuva, que manteria o segundo colocado, Riccardo Patrese, da Williams, a uma distância segura. Para delírio de 70 mil pessoas, finalmente, a bandeira quadriculada era verde-amarela. Ayrton Senna, mais que nunca, do Brasil.

For obvious reasons, Ayrton Senna was hotly tipped to retain the title in 1991. But before landing his third world championship, he had more pressing matters to attend to: winning the Brazil GP, the only dream he had not yet fulfilled. The Grand Prix had been moved back to its old home at Interlagos, São Paulo, so racing in his own backyard was an added pressure. But the double-champion rose to the occasion and roared to glory..until his gearbox jammed in sixth with six laps to go. From that moment on, just keeping the car on the track required a superhuman blend of technical skill and physical stamina, with a little help from some late rain, which kept the Williams of second-placed Riccardo Patrese at bay. The crowd of 70 thousand went wild when Senna eventually crossed the finish line. The chequered flag was finally yellow and green, and Ayrton Senna, more now than ever, Brazil personified.

68. Capacete usado na temporada de 1991 de Fórmula 1
68. Helmet worn during the 1991 Formula 1 season

Gritos quase primais emergiram do cockpit assim que a McLaren número 1 cruzou a linha de chegada de Interlagos. Ayrton Senna estava em êxtase – e absolutamente exausto. Teve forças para conduzir o carro apenas por mais algumas centenas de metros: então, parou no meio da reta oposta e praticamente apagou, com dores, câimbras e espasmos musculares. Alheios à aflição do ídolo, os fiscais de prova, legitimamente representando a multidão, saltavam de alegria. No pódio, uma nação o esperava. E um troféu. A taça oferecida ao vencedor do GP do Brasil pesava exatos 4 quilos e 620 gramas. Que viraram toneladas quando os braços extenuados de Senna fizeram a primeira tentativa – infrutífera – de levantá-la. Percebendo a fadiga do brasileiro, Ron Dennis, preocupado, aproximou-se para escorá-lo. Mas, quando chegou, o piloto já havia mais uma vez superado seu limite: com o braço direito no extremo das forças, ergueu o troféu em triunfo. "Se esse era o preço de ganhar no Brasil, foi barato", resumiu.

Near-primal screams issued from the cockpit as McLaren 1 took the flag at Interlagos. Ayrton Senna was ecstatic — and absolutely frazzled. The best he could do was take his car a few hundred yards further and pull over on the opposite straight, before practically passing out from pain and cramp. Oblivious to their idol's physical torment, the race stewards, reduced to fans like everyone else, leapt for joy. A nation waited for him up on the podium. As did a trophy. The cup weighed four and a half kilos, but they might as well have been tons to Ayrton's sapped arms. But lift it he did, on his second try, and with a worried Ron Dennis almost coming to his aid. Once again, the Brazilian had overcome his limits, holding the trophy aloft in his right hand. "If that was the cost of winning in Brazil, it was a bargain", he'd later say.

69. Troféu de vencedor do GP do Brasil de 1991
69. Winner's trophy from the 1991 Brazilian Grand Prix

Ayrton Senna jamais perdeu a liderança do Mundial de 1991, apesar da demonstração de poder da Williams – que mostrou ao longo da temporada ter um carro melhor que a McLaren. Depois de ganhar as quatro primeiras corridas do ano, administrou com competência a vantagem sobre Nigel Mansell. Quando o inglês ameaçou chegar perto, após o Grande Prêmio da Alemanha, o brasileiro respondeu com vitórias consecutivas na Hungria e na Bélgica, que praticamente selaram a conquista do tricampeonato. Este viria de novo em Suzuka, agora com um enredo bem mais tranquilo. Precisando vencer para manter suas remotas chances, Mansell derrapou logo na décima volta, entregando de mão beijada o título ao brasileiro. Então, foi a vez de Ayrton dar seu presente: a vitória do GP do Japão para o amigo Gerhard Berger. Comemorar o título no segundo lugar foi doído, mas em nada afetou o brilho de sua temporada – traduzido em condecorações vindas de todo o mundo, que lotaram sua inseparável maleta e disputariam espaço nas prateleiras da estante de seu escritório, em São Paulo.

Ayrton Senna led the 1991 Drivers' Championship from start to finish, despite a strong show from Williams, which proved to have the better car. Having won the first four races of the season, he easily managed his lead over Nigel Mansell. When the English driver began to figure as a threat after the German GP, the Brazilian responded with consecutive wins in Hungary and Belgium, which practically guaranteed his third world title. Ayrton Senna became three-time world champion at Suzuka, though under far more tranquil circumstances this time. Needing to win the race to keep whatever slim chances he had alive, Mansell slid off on the tenth lap, effectively handing Senna the title on a platter. With the championship under wraps, the receiver could become the giver: Senna slowed to concede the top-spot to his friend and side-kick Gerhard Berger. It may have grated to celebrate the title from second place, but nothing could take the sheen off such a brilliant season — translated into mementoes pouring in from all over the world, and which he lugged home in his trusty suitcase to fill the shelves of his study back in São Paulo.

70. Caixa de música comemorativa do título mundial de 1991
70. 1991 world title commemorative music boxset

71. Troféu de campeão da temporada de 1991 da Fórmula 1
71. 1991 Formula 1 Champion's trophy

72. Pasta executiva
72. Briefcase

73. Estrela dourada do British Racing Drivers' Club, 1991
73. Golden star from the British Racing Drivers' Club, 1991

74. Troféu Casco D'Oro 1991, entregue pela revista italiana Auto Sprint
74. 1991 Casco D'Oro Trophy, awarded by the Italian magazine Auto Sprint

Em 1992, a Williams produziu aquele que é considerado por muitos especialistas o melhor carro da história da Fórmula 1. A bordo dessa supermáquina, Nigel Mansell venceu o título mundial com o pé nas costas, registrando praticamente o dobro dos pontos do segundo colocado, seu companheiro Riccardo Patrese. A temporada assistiu ainda a ascensão do jovem alemão Michael Schumacher, da promissora Benetton, que terminou no terceiro posto. Senna ficou apenas em quarto: a McLaren, reconhecidamente, havia ficado para trás na briga tecnológica entre as equipes. Ainda assim, Ayrton tirou da cartola três vitórias, incluindo, pela quinta vez na carreira, o GP de Mônaco, resistindo bravamente aos ataques do Leão em um final de prova memorável. Com essa façanha nas ruas monegascas, Senna igualou a marca do legendário britânico Graham Hill, bicampeão mundial de F-1em 1962 e 1968, e recebeu da organização da corrida um troféu especial – que, contudo, ficaria desatualizado no ano seguinte, quando o brasileiro conquistasse o recorde absoluto de seis triunfos em Monte Carlo. Era a coroação oficial do novo Rei de Mônaco.

In 1992, Williams produced what many consider to have been the best car in the history of Formula One, a super-machine that swept Nigel Mansell to the F-1 title without breaking a sweat, and with almost twice the points tally as the runner-up, his teammate Riccardo Patrese. That same season saw the rise of a new talent, the German Michael Schumacher, who secured third place for the promising Benetton team. Senna pulled up fourth in a McLaren car that was way off the pace in the technological race. Even so, Senna had managed to pull three victories out of the hat, including a fifth career win in Monaco, where he fended off constant attacks from the Lion in a dramatic finish. With this feat on the streets of Monte Carlo, Senna equalled the legendary Graham Hill, world champion in 1962 and 68, for which he received a special trophy that would be rendered obsolete the following year, when the Brazilian won again to become the stand-alone King of Monaco.

75. Troféu de vencedor do GP de Mônaco de 1992
75. Winner's trophy from the 1992 Monaco Grand Prix

76. Troféu Graham Hill *1992*
76. Graham Hill Trophy *1992*

Buscar a excelência é um dos princípios elementares do esporte de alto rendimento. Na Fórmula 1 de 1993, sem sombra de dúvida, ela estava na Williams, com os carros que Senna definiu como "máquinas de outro planeta". Por isso, o brasileiro não se importava em cortejar publicamente uma vaga naquela escuderia. Mas havia um nariz no meio do caminho: Alain Prost, nova aquisição da equipe de Frank Williams, havia exigido em seu contrato uma cláusula garantindo que não teria o velho rival como companheiro. Com isso, Senna ficou mesmo na McLaren, que corria desesperadamente atrás do prejuízo – o maior deles a saída da Honda, que decidiu retirar-se do circo da Fórmula 1. O máximo que Ron Dennis conseguiu para substituir os propulsores japoneses foi um motor "cliente" da Ford – a versão "fabricante", mais sofisticada, era exclusividade da Benetton, com quem a montadora já tinha parceria firmada previamente. O ano, portanto, tinha tudo para ser uma montanha de decepções para Ayrton Senna. Mas não foi bem assim.

The constant pursuit of excellence is one of the basic principles of high-performance sport. In 1993, Excellence herself was at Williams in the form of cars which Senna described as "machines from another planet". It was this recognition that made the Brazilian openly court a move there. There was an obstacle, however, and its name was Alain Prost, Frank Williams' new acquisition, whose contract contained a clause that barred Senna as a teammate. So Ayrton stayed at McLaren, which was lagging way behind and had a number of problems to contend with, not least the departure of Honda, which had decided to abandon the F-1 circus. The best Ron Dennis could do was replace the Japanese motors with a "customer supply" of Ford V8 engines — the more sophisticated factory version was exclusive to Benetton. The year was shaping up to be a string of disappointments for Ayrton Senna, but it didn't turn out to be quite so bleak after all.

77. Capacete usado na temporada de 1993 da Fórmula 1
77. Helmet worn during the 1993 Formula 1 season

Para surpresa da maioria, a McLaren trabalhou bem na pré-temporada e entregou um carro razoavelmente equilibrado para Senna em 1993. Na estreia do campeonato, Ayrton já conseguiu um bravo segundo lugar. A segunda etapa seria em Interlagos, onde o piloto voltaria ao papel de franco-atirador. Nos treinos de classificação, a Williams de Prost dominou com tranquilidade. E o fazia também na corrida – até a hora em que a chuva apareceu. O francês, cujos problemas com a água eram públicos e notórios, abandonou depois de perder o controle do carro. A disputa então ganhou contornos dramáticos, com diversos acidentes, ultrapassagens e punições. Mas não teria para ninguém. Já no asfalto seco, aproveitando uma excelente estratégia de paradas, Senna cruzou a linha de chegada em primeiro. O que aconteceu na sequência foi um frenesi histórico. Sem resistir à emoção, um enxame de fãs invadiu a pista para comemorar com o ídolo, bloqueando o caminho da McLaren. O erro no bordado da bandeira do Brasil no macacão do piloto era, pois, um prenúncio: mais uma vez, as enlouquecedoras façanhas de Senna deixariam o país de ponta-cabeça.

Defying expectations, McLaren put in some good pre-season work in 1993 and provided Senna with a reasonably balanced car that took him to a sterling second-place in the opening race. The second GP was in Brazil, and Ayrton was back in wildcard mode. During qualifying at Interlagos, Prost's Williams dominated with ease, and it looked like he would do the same during the race — until the rain came. The Frenchman, whose problems in the wet were an open secret, abandoned the race after losing control of the car. The dispute lapsed into drama, with various accidents, overtakings and penalties. But none of that would affect Senna, who benefited from an excellent pit-stop strategy and fast-drying track to roar home to victory. What followed was a historic frenzy. In a moment of generalised catharsis, the crowd invaded the track and swarmed the idol's McLaren. The error in the Brazilian flag embroidered on the driver's overalls started to look somewhat prophetic: once again, Senna's racing feats had turned the nation on its head.

78. Troféu de vencedor do GP do Brasil de 1993
78. Winner's trophy from the 1993 Brazilian Grand Prix

79. Macacão da McLaren, usado no GP do Brasil de 1993
79. McLaren race suit, worn at the 1993 Brazilian Grand Prix

Aos 33 anos de idade, Ayrton Senna parecia viver o apogeu de sua forma técnica e física. Mesmo com um equipamento inferior, o piloto ofereceu ao mundo em 1993 inesquecíveis demonstrações de brilhantismo – a mais evidente delas no GP da Europa, em Donington Park, quando executou aquela que talvez seja a mais impressionante volta da história da Fórmula 1: em uma frenética sequência de ultrapassagens logo após a largada, o brasileiro jantou Michael Schumacher, Karl Wendlinger, Damon Hill e Alain Prost, terminando a primeira volta na liderança de uma fantástica corrida que venceria de forma convincente. Ao longo do campeonato, porém, Prost faria valer a superioridade de sua Williams, rumando sem incômodos para o título, conquistado com duas provas de antecipação. O francês então anunciou sua aposentadoria para o final do ano, abrindo assim uma vaga na escuderia de Frank Williams. Não foi difícil para o mandachuva inglês chegar a um acordo com Senna, que se despediu da McLaren triunfando nas duas derradeiras corridas da temporada, no Japão e na Austrália. Um adeus digno de um campeão.

At the age of 33, Ayrton Senna was at the height of his technical and physical powers. Even with an inferior car, he gifted the world some unforgettable displays of prowess in 1993 — most memorably at the European GP held in Donington park, when he put in what many believe to be the best lap in the history of Formula One. In a frenetic sequence of passing manoeuvres, Senna chewed up Michael Schumacher, Karl Wendlinger, Damon Hill and Alain Prost to take the lead by the end of the first lap. He then went on to win the race. However, over the course of the season, Prost made his superior car pay, and steamed pretty much undisturbed to a fourth world title, won with two races left to run. The Frenchman then retired definitively from racing, leaving the path clear for Frank Williams to hire an eager Senna, who departed from McLaren with back-to-back wins in the last two races of the season, in Japan and Australia. An adieu worthy of a champion.

80. Troféu de vencedor do GP do Japão de 1993
80. Winner's trophy from the 1993 Japanese Grand Prix

Depois de anos de uma incendiária rivalidade nas pistas e uma não menos destrutiva inimizade pessoal, Ayrton Senna e Alain Prost reaproximaram-se silenciosamente no final de 1993. Em Adelaide, antes de subirem para o pódio, o brasileiro estendeu a mão ao francês, que aceitou e retribuiu o gesto; durante a entrega dos troféus, para surpresa até mesmo de seus amigos mais próximos, Senna puxou Prost até o topo e ergueu o braço do tetracampeão, em cena capturada por fotógrafos de todo o planeta. "Ações significam mais do que palavras", explicou. Um mês depois, em dezembro, os pilotos voltaram a se encontrar, amistosamente, para a disputa do Master de Kart indoor, no Ginásio de Esportes de Bercy, em Paris. Ayrton logo percebeu que a aposentadoria definitiva do tetracampeão representava o fim de uma era na Fórmula 1. Porém apenas no ano seguinte, com a temporada já em andamento, se deu conta de que a ausência de Prost geraria um vazio também em sua carreira. "Meu grande amigo Alain. Sentimos muito sua falta", confessou Senna, antes do GP de San Marino.

After years of incendiary rivalry on the track and a no less destructive enmity off it, Ayrton Senna and Alain Prost made silent peace at the end of 1993. As they headed for the podium in Adelaide, Senna offered Prost his hand, and the Frenchman accepted. Moments later, as they received their trophies, Senna pulled Prost up onto the top spot with him and raised his rival's arm in triumph. It was a scene that made the press the world over. "Actions speak louder than words", the Brazilian would later explain. The pair met again, on friendly terms, a month later at the Indoor Kart Master race at the Palais Omnisports de Paris-Bercy. Ayrton was quick to realize that Prost's retirement signalled the end of an era in Formula One, but it was only during the next season, in the build-up to the San Marino Grand Prix, that he would recognise the void his former rival had left. As he would say live on a broadcast for the French TV station Prost was now working for as a commentator: "A special hello to my, to our dear friend Alain. We all miss you Alain."

81. Capacete usado no Master de Kart indoor em Bercy *1993*
81. Helmet worn at the Kart Master indoor in Bercy *1993*

82. Macacão usado no Master de Kart indoor em Bercy *1993*
82. Race suit worn at the Kart Master indoor in Bercy *1993*

Em 1994, Ayrton Senna estava prestes a inaugurar uma nova fase de sua carreira. Depois de dez anos na Fórmula 1, o experiente brasileiro viveria um segundo começo na Williams – justamente a equipe pela qual fez o primeiro teste na categoria, em uma manhã nublada no circuito de Donington Park, em 1983. Nesse novo desafio, Senna era acompanhado pelas inúmeras demonstrações de carinho que recebia dos fãs. E não se trata de força de expressão: ao longo de sua carreira, o piloto guardou praticamente todos os presentes que recebeu pelos quatro cantos do mundo. Alguns eram orgulhosamente expostos ao lado dos prêmios e troféus da F-1 em suas estantes – pouco importava se eram porta-retratos surrealistas, prosaicas caixinhas de papel machê ou inexplicáveis patinhos de vidro, como as curiosas peças que decoravam seu escritório no Algarve, em Portugal, onde estabelecera residência. Ampla e confortável, a sala estava de braços abertos para a nova leva de lembranças que, todos confiavam, viria naquela temporada com a Williams.

In 1994, Ayrton Senna was about to embark on a new phase in his career. After ten years in Formula One, the experienced Brazilian was on the cusp of a new beginning, at Williams — the very team for which he had done his first F-1 test, one overcast morning at Donington Park back in 83. As he began this new chapter, he was accompanied by the innumerable displays of affection from fans. Throughout his career, Senna kept almost every present he was given by fans the world over, some of which were proudly displayed alongside his ample silverware. It didn't matter if they were surrealist portraits, simple papier-mâché boxes or inexplicable glass ducks, like the odd pieces he kept in the study of his new home in the Algarve. Large and comfortable, his Portuguese residence was open and waiting for the new inpouring of fan gifts that season would bring.

83. Quadro de parede
83. Wall painting

84. Enfeite de cristal: patinhos
84. Crystal ornament: ducks

85. Caixas de papel machê
85. Papier machê boxes

86. Porta-retrato em vitral
86. Stained-glass portrait frame

87. Carro de Fórmula 1 em miniatura, entalhado em madeira
87. Wood-carved miniature Formula 1 race car

88. Turbocharger Garrett da Lotus 1985, entregue pela equipe em comemoração à primeira vitória na Fórmula 1
88. Garrett Turbocharger from the 1985 Lotus presented by the team as a memento of Senna's first Formula 1 Grand Prix victory

89. Presente de aniversário da família Ecclestone a Ayrton Senna
89. Birthday present from the Ecclestone family to Ayrton Senna

90. Lembrança da visita à Suíça *1986*
90. Memento of a trip to Switzerland *1986*

Ao mesmo tempo em que crescia a expectativa por sua estreia na Williams, novas responsabilidades acumulavam-se sobre os ombros do piloto. Apesar de há anos contar com uma equipe para gerenciar seus negócios, Ayrton Senna, naqueles primeiros meses de 1994, resolveu dedicar boa parte de seu tempo a seu lado empresário – já projetando sua vida depois da aposentadoria da Fórmula 1. Na Itália, apresentou, em parceria com a italiana Carraro, uma linha de bicicletas com sua marca; no Brasil, assinou um contrato com a Audi para representar e comercializar com exclusividade os carros da fabricante alemã no país – realizando até mesmo um test drive em Interlagos de seu Audi S4 Avant, que seria a grande vedete das propagandas da Senna Import. Mas a iniciativa que Ayrton considerava mais importante era o lançamento do personagem Senninha, cujo objetivo ultrapassava qualquer aspecto comercial. "Será um canal de comunicação com as crianças, para levar a elas noções de vida esportiva, lazer, respeito e formas de se conviver com as vitórias e também com as derrotas." Em outras palavras, um legado.

As the expectation mounted for his Williams debut, new responsibilities were beginning to weigh the Brazilian down. Though he had a team that looked after his business interests, Ayrton Senna decided to spend time developing his entrepreneurial side during the early months of 1994, perhaps with an eye on retirement. In Italy, in partnership with Carraro, he unveiled a line of bicycles bearing the Senna brand. Back in Brazil, he signed a contract with Audi to become the German manufacturer's exclusive dealer in his home country. He even took his Audi S4 Avant — the advertising flagship for Senna Imports — for a test drive at Interlagos. But the most important new venture in Ayrton's view was the launch of the Senninha ("Little Senna") cartoon character, the significance of which far outstripped its commercial potential. "It will be a communication channel with children, through which to convey notions of sportsmanship, leisure, respect and how to behave in victory and in defeat". In short, it was to be a legacy.

91. Caneta tinteiro
91. Fountain pen

92. Celular MicroTAC Lite
92. MicroTAC Lite cell-phone

93. Bicicleta Senna Carraro
93. Senna Carraro bicycle

94. Automóvel Audi S4 Avant
94. Audi S4 Avant

Quando, finalmente, chegou o momento de vestir o macacão azul e testar a Williams, Senna foi da esperança ao desencanto a uma velocidade de 320 quilômetros por hora. Ao dar as primeiras voltas no autódromo de Estoril, o tricampeão descobriu, consternado, que o carro continuava velocíssimo, mas total e perigosamente instável sem a suspensão ativa e o controle de tração – as novas regras impostas pela FIA para a temporada de 1994 haviam determinado a retirada dos recursos eletrônicos, grande trunfo da escuderia de Didcot. Para piorar, o cockpit apertadíssimo do monoposto deixava Ayrton desconfortável ao volante; os necessários ajustes na barra de direção só seriam feitos com a temporada em andamento – e de forma provisória, o que acabou deixando sua Williams mais insegura. De qualquer forma, não havia tempo para lamentações. Era preciso trabalhar em parceria com os mecânicos e engenheiros para tentar tirar o máximo daquela máquina que, outrora extraterrestre, tornara-se ordinariamente mundana. Senna vestiu a balaclava e não fugiu à luta.

When the moment finally arrived to don his blue overalls and test drive his Williams, Senna went from hope to disappointment at 320 kilometres per hour. Over the course of a few laps at Estoril in Portugal, the three-time world champion realized to his consternation that while the car was certainly fast, without active suspension or traction control — electronic devices particularly dear to the Didcot team that had been banned by new FIA regulations — it was totally and dangerously unstable. To make matters worse, the extremely tight cockpit left Senna uncomfortable at the wheel, and steering column adjustments had to be made with the season already underway — and the makeshift nature of these changes left the Williams even more unsafe. One way or another, there was no time for wining. Senna had to knuckle down with the engineers and mechanics to find ways to make the once-otherworldly car at least respectably mundane. Senna pulled on his balaclava and didn't flinch. On with the show.

95. Macacão da Williams, usado na temporada de 1994 da Fórmula 1
95. Williams race suit worn during the 1994 Formula 1 season

96. Balaclava
96. Balaclava

No Campeonato Mundial de 1994, o novo companheiro de equipe de Senna seria o inglês Damon Hill, filho do bicampeão mundial Graham Hill. Mas sua briga era mesmo contra o alemão Michael Schumacher, cuja Benetton vinha mostrando enorme força nos testes de início de ano. Em Interlagos, primeira etapa da temporada, Ayrton soube domar a Williams e registrou mais uma pole position – pela qual recebeu aquele que seria o último troféu a entrar em sua galeria. Na corrida, entretanto, o brasileiro não teve a mesma sorte: depois de liderar por 21 voltas, foi ultrapassado nos boxes por Schumacher e teve de abandonar na 56ª volta, após rodar para fora da pista. Três semanas depois, chegava a vez do GP do Pacífico, em Aida, no Japão. De novo, Senna largou na frente. E, de novo, precisou abandonar – desta vez, porque foi atingido logo na primeira curva da corrida por Mika Hakkinen. Schumacher venceu novamente e abriu uma ampla vantagem na tabela do campeonato: 20 pontos, contra nenhum do brasileiro. No Grande Prêmio de San Marino, em Ímola, o final precisaria ser diferente.

For the 1994 World Championship, Senna's new teammate was Damon Hill, son of two-time champion Graham Hill, though his main on-track rival would be Benetton's Michael Schumacher, whose car had performed well in preseason testing. At Interlagos, the first race of the year, Ayrton kept his erratic Williams under control and took pole position—which would give him his last addition to his trophy cabinet. However, the Brazilian's luck didn't hold once the race was underway: after leading for 21 laps, he lost his position to Schumacher in the pit lane and ended up spinning off the track on lap 56 and retiring from the race. Three weeks later, at the Pacific GP in Aida, Japan, Senna was once again in the front row, but was hit off a curve by Mika Hakkinen and had to retire yet again. Schumacher drove on to take his second win in a row and open a 20-point lead. At the San Marino GP in Imola, the third race of the season, Senna needed a fresh start.

97. Troféu de pole position do GP do Brasil de 1994
97. 1994 Brazilian Grand Prix pole position trophy

Depois de proteger Rubens Barrichello nos treinos classificatórios de sexta-feira, deixando-o milagrosamente ileso após sua Jordan ter levantado voo e colidido contra uma barreira de pneus, a fortuna abandonou Ímola no fim de semana do GP de San Marino de 1994. No sábado, o austríaco Ronald Ratzenberger, da Simtek, perdeu a asa dianteira e bateu a mais de 300 quilômetros por hora na curva Villeneuve, sucumbindo pouco depois de dar entrada no Hospital Maggiore, em Bolonha. Engajado na causa da segurança dos pilotos, Senna ficou verdadeiramente transtornado com o episódio – a primeira morte em eventos do calendário oficial da Fórmula 1 desde Riccardo Paletti, em 1982. O brasileiro decidiu não correr mais naquele dia nem participou das entrevistas obrigatórias; fechou-se no trailer da equipe, caindo em lágrimas. Além da preocupação em manejar os problemas de seu próprio carro e da pressão por um bom resultado, Senna levaria para o cockpit, no domingo, o peso daquela trágica notícia.

Having protected Rubens Barrichello when his Jordan flew into the air and smashed into a tire barrier during Friday qualifying, an horrendous crash from which he miraculously escaped relatively unscathed, Fortune packed her things and left San Marino for the rest of the proceedings. The following day, Simtek's Austrian driver Ronald Ratzenberger lost a nose wing and ploughed headlong into the Villeneuve corner at over 300 kilometres an hour. He died shortly after arrival at Hospital Maggiore in Bologna. Senna was becoming increasingly engaged in driver safety and was utterly traumatised by the incident — the first fatality during the official F-1 calendar since Riccardo Paletti in 1982. The Brazilian decided not to race any more that day and did not attend any of the mandatory interviews. He locked himself in his trailer and wept. In addition to his concerns about his Williams car and the pressure for a good result, Senna took the weight of the previous day's tragedy into the cockpit with him that Sunday afternoon.

Durante sua carreira no mundo da Fórmula 1, Ayrton Senna jamais procurou esconder sua religiosidade. Creditou inúmeras de suas vitórias à intervenção divina, chegando até mesmo a afirmar ter vivenciado uma aparição do todo-poderoso em pleno circuito de Suzuka, na corrida que lhe deu o título mundial de 1988. Dono de uma fé inabalável, o piloto carregava consigo um exemplar da Bíblia, edição do grupo Atletas de Cristo, em cujas páginas sublinhava os trechos que lia e relia em busca de explicações para as alegrias e as angústias da vida. Na noite anterior à corrida em Ímola, Senna abriu o livro sagrado no Salmo 81. E telefonou para dona Neyde, que estava na fazenda da família, em Tatuí, para que ela o ajudasse a entender o significado daquelas palavras. Mãe e filho leram juntos o texto e discutiram sua interpretação; Ayrton tentava relacioná-lo ao difícil momento pelo qual passava. A franca conversa poderia avançar pela noite, mas o piloto precisou se despedir. Já estava ficando tarde. Era preciso acordar cedo no dia seguinte: o domingo seria longo. Interminavelmente longo.

During all his years in Formula One, Ayrton Senna never made any attempt to hide his religious fervour. He openly credited many of his victories to divine intervention, and even claimed to have seen the Almighty appear to him while racing to his first world title at Suzuka in 1988. With an unshakable faith, Senna carried his Athletes of Christ Bible with him wherever he went, and often underlined passages he considered particularly relevant to understanding the joys and sorrows of life. The night before the race at Imola, Senna opened his bible on Psalm 81. He phoned his mother, Neyde, at the family ranch in Tatuí, and asked her to help him understand the meaning. They read the text together and discussed their interpretations. For Ayrton, the passage seemed to shed light on the difficult patch he was going through. This mother-and-son chat could have gone on all night, but Ayrton had to say goodbye. It was getting late and he'd have an early start the next day. That Sunday promised to be a long one. Interminably long.

98. Bíblia
98. Bible

53 Guiou-os com segurança, de sorte que eles não temeram;
mas aos seus inimigos, o mar os submergiu.
54 Sim, conduziu-os até a sua fronteira santa,
até [20]o monte que a sua destra adquirira.
55 Expulsou as nações de diante deles;
e, dividindo suas terras por herança, fez habitar em suas tendas as tribos de Israel.
56 Contudo tentaram [21]e provocaram o Deus Altíssimo,
e não guardaram os seus testemunhos.
57 Mas tornaram atrás, e portaram-se aleivosamente como seus pais;
desviaram-se como um arco traiçoeiro.
58 Pois o provocaram à ira com os seus altos,
e o incitaram a zelos com as suas imagens esculpidas.
59 Ao ouvir isso, Deus se indignou, e sobremodo abominou a Israel.
60 Pelo que desamparou [22]o tabernáculo em Siló,
a tenda da sua morada entre os homens,
61 dando [23]a sua força ao cativeiro,
e a sua glória à mão do inimigo.
62 Entregou [24]o seu povo à espada, e encolerizou-se contra a sua herança.
63 Aos seus mancebos o fogo devorou,
e suas donzelas não tiveram cântico nupcial.
64 Os seus sacerdotes caíram à espada,
e suas viúvas não fizeram pranto.
65 Então o Senhor despertou [25]como dum sono,
como um valente que o vinho excitasse.
66 E fez recuar a golpes os seus adversários;
infligiu-lhes eterna ignomínia.
67 Além disso, rejeitou a tenda de José,
e não escolheu a tribo de Efraim;
68 antes escolheu a tribo de Judá, o monte Sião, que ele amava.
69 Edificou o seu santuário como os lugares elevados,
como a terra que fundou para sempre.
70 Também escolheu a Davi, seu servo,
e o [26]tirou dos apriscos das ovelhas;
71 de após as ovelhas e suas crias o trouxe,
para apascentar a Jacó, seu povo, e a Israel, sua herança.
72 E ele os apascentou, segundo a integridade do seu coração,
e os guiou com a perícia de suas mãos.

A assolação de Jerusalém e a súplica por socorro

Salmo de Asafe

79 Ó Deus, as nações invadiram a tua [1]herança;
contaminaram o teu santo templo;
reduziram Jerusalém a ruínas.
2 Deram os cadáveres dos teus servos como pasto às aves dos céus,
e a carne dos teus santos aos animais da terra.
3 Derramaram o sangue deles como água ao redor de Jerusalém,
e não houve quem os sepultasse.
4 Somos feitos o opróbrio dos nossos vizinhos,
o escárnio e a zombaria dos que estão em redor de nós.
5 Até quando, Senhor? Indignar-te-ás para sempre?
Arderá o teu zelo como fogo?
6 Derrama o teu furor sobre as nações que não te conhecem,
e sobre os reinos que não invocam o teu nome;
7 porque eles devoraram a Jacó,
e assolaram a sua morada.
8 Não te lembres contra nós [2]das iniquidades de nossos pais;
venha depressa ao nosso encontro a tua compaixão,
pois estamos muito abatidos.
9 Ajuda-nos, ó Deus da nossa salvação, pela glória do teu nome;
livra-nos, e perdoa os nossos pecados por amor do teu nome.
10 Por que diriam as nações: Onde está o seu Deus?
Torne-se manifesta entre as nações, à nossa vista,
a vingança do sangue derramado dos teus servos.
11 Chegue à tua presença o gemido dos presos;
segundo a grandeza do teu braço, preserva aqueles que estão condenados à morte.
12 E aos nossos vizinhos, deita-lhes no regaço, setuplicadamente,
a injúria com que te injuriaram, Senhor.
13 Assim nós, teu povo e ovelhas de teu pasto,
te louvaremos eternamente;

---

20 Êx. 15.17.
21 Juí. 2.11,12.
22 I Sam. 4.11.
23 Juí. 18.30.
24 I Sam. 4.10.
25 Is. 42.13.
26 Gên. 33.13. Is. 40.11.

79
1 Êx. 15.17.
2 Is. 64.9.

SALMOS, 79, 80, 81

de geração em geração publicaremos os teus louvores.

O profeta suplica a Deus que livre o seu povo das suas calamidades

Ao regente do coro: segundo "'Sosanim Edute" — Salmo de Asafe

80 Ó pastor de Israel, dá ouvidos; tu, que guias a José como a um rebanho, que estás entronizado sobre ¹os querubins, resplandece.
2 Perante Efraim, Benjamim e Manassés, desperta o teu poder, e vem salvar-nos.
3 Reabilita-nos, ó Deus; faze resplandecer o teu rosto, para que sejamos salvos.
4 Ó Senhor Deus dos exércitos, até quando te indignarás contra a oração do teu povo?
5 Tu os alimentaste com pão de lágrimas, e ²lhes deste a beber lágrimas em abundância.
6 Tu nos fazes objeto de escárnio entre os nossos vizinhos; e os nossos inimigos zombam de nós entre si.
7 Reabilita-nos, ³ó Deus dos exércitos; faze resplandecer o teu rosto, para que sejamos salvos.
8 Trouxeste do Egito uma videira; lançaste fora as nações, e a plantaste.
9 Preparaste-lhe lugar; e ela deitou profundas raízes, e encheu a terra.
10 Os montes cobriram-se com a sua sombra, e os cedros de Deus com os seus ramos.
11 Ela estendeu a sua ramagem até o mar, e os seus rebentos até ᵛo Rio.
12 Por que lhe derrubaste as cercas, de modo que a vindimam todos os que passam pelo caminho?
13 O javali da selva a devasta, e as feras do campo alimentam-se dela.
14 Ó Deus dos exércitos, volta-te, nós te rogamos; atende do céu, e vê, e visita esta videira,
15 a videira que a tua destra plantou, e o sarmento que fortificaste para ti.
16 Está queimada pelo fogo, está cortada; eles perecem pela repreensão do teu rosto.

17 Seja a tua mão sobre o varão da tua destra, sobre o filho do homem que fortificaste para ti.
18 E não nos afastaremos de ti; vivifica-nos, e nós invocaremos o teu nome.
19 Reabilita-nos, Senhor Deus dos exércitos; faze resplandecer o teu rosto, para que sejamos salvos.

Deus repreende a Israel pela sua ingratidão e rebelião

Ao regente do coro: sobre Gitite — Salmo de Asafe

81 Cantai alegremente a Deus, nossa fortaleza; erguei alegres vozes ao Deus de Jacó.
2 Entoai um salmo, e fazei soar o adufe, a suave harpa e o saltério.
3 Tocai a trombeta pela lua nova, pela lua cheia, no dia da nossa festa.
4 Pois isso é um estatuto para Israel, e uma ordenança do Deus de Jacó.
5 Ordenou-o por decreto em José, quando saiu contra a terra do Egito. Ouvi uma voz que não conhecia, dizendo:
6 Livrei da carga o seu ombro; as suas mãos ficaram livres dos cestos.
7 Na angústia clamaste e te livrei; respondi-te no lugar oculto dos trovões; provei-te ¹junto às águas de Meribá. [Selá]
8 Ouve-me, povo meu, e eu te admoestarei; ó Israel, se me escutasses!
9 não haverá em ti deus estranho, nem te prostrarás ante um deus estrangeiro.
10 Eu sou ²o Senhor teu Deus, que te tirei da terra do Egito; abre bem a tua boca, e eu a encherei.
11 Mas o meu povo não ouviu a minha voz, e Israel não me quis.
12 Pelo que eu os entreguei à obstinação dos seus corações, para que andassem segundo os seus próprios conselhos.
13 Oxalá me escutasse o meu povo! oxalá Israel andasse nos meus caminhos!
14 Em breve eu abateria os seus inimigos, e voltaria a minha mão contra os seus adversários.

80
1 Éx. 25.20, 22.
2 Is. 30.20
3 Is. 5.17

81
1 Éx. 17.6.
2 Éx. 20.2.

ᵘHeb. shoshanim eduth, isto é, "Lírios, um testemunho", talvez uma melodia hebraica. ᵛIsto é, o Eufrates.

99. Capacete usado na temporada de 1994 de Fórmula 1
99. Helmet worn during the 1994 Formula 1 season

Minutos. Segundos. Milésimos. Ayrton Senna passou a vida desafiando os cronômetros. Buscando dominar o tempo. Talvez por isso ele não costumasse tirar o relógio nem mesmo antes de entrar no cockpit. Quando sua Williams seguiu reto na curva Tamburello, os ponteiros apontavam 14h12 em Ímola. O muro freou o piloto. Sua história continuou. Em respeito a Ayrton Senna, o tempo jamais parou. E, de carona na vida do tricampeão, segue firme em sua marcha, permitindo-se viajar para muito além do agora. Acelera para o futuro quando vê os resultados do instituto que leva seu nome e realiza seus desejos, oferecendo oportunidades de educação a centenas de milhares de crianças em todo o Brasil. E, sempre que tem saudade, volta correndo para um encontro com o passado. Que continua presente. Sempre.

Minutes. Seconds. Thousandths of a second. Ayrton Senna spent his life challenging the stopwatch, trying to bend time to his will. Maybe that's why he never took his watch off, not even in the cockpit. When Ayrton Senna's Williams hurtled headlong into the Tamburello curve, the hands on his timepiece read twelve minutes past two in the afternoon. The wall brought Ayrton to a final halt, though his legacy drove on. As a sign of respect for an old adversary, Time refused to stand still, but continues at full-throttle, constantly stretching the bounds of the now. And that legacy gathers speed every time the institute that bears Ayrton's name achieves another of the goals he set for it by offering educational opportunities to hundreds of thousands of children Brazil-wide. And whenever it misses him, there's always the past to return to; a place where he is ever present. Always.

100. Relógio TAG Heuer
100. TAG Heuer wristwatch

Nota do autor
Author's note

O acesso ao acervo da marca Senna já privilegiava este trabalho com uma perspectiva única em meio às centenas de obras já produzidas sobre o tricampeão mundial de Fórmula 1. A maior das distinções, porém, foi poder contar com o envolvimento e o entusiasmo de dona Neyde Senna em todas as etapas deste livro. Além de ajudar a selecionar os objetos e imagens aqui reproduzidos, a mãe do piloto – que gerencia o memorial Ayrton Senna, braço da Senna Brands que cuida de toda a memória do ídolo brasileiro – revelou histórias inéditas em diversos depoimentos que duraram muito mais do que o previsto. Fica aqui, então, registrado um agradecimento especial a ela – e também o reconhecimento ao Memorial e à equipe Senna Brands, que, sempre com dedicação e gentileza, foram imprescindíveis na concretização deste projeto.

Celso de Campos Jr.

Access to the Senna brand collection gave this book a unique perspective among the hundreds of publications already produced on the three-time Formula One champion. The greatest privilege of all, however, was being able to count on Neyde Senna's enthusiastic involvement throughout. Not only did the driver's mother — who manages the Ayrton Senna memorial — help select the items and images reproduced here, she also gave generously extended interviews in which she revealed numerous previously untold episodes and trivia. For all of that and more, our sincerest thanks. We would also like to express our gratitude to the Memorial and all the staff at the Senna Brands, whose kind and earnest assistance was indispensable to the successful completion of this project.

Celso de Campos Jr.

1. p. 21
220 x 310 mm

2. p. 25
75 x 55 mm

3. p. 28
Ø 15 mm

4. p. 29
400 mm

5. p. 37
240 x 220 x 250 mm

6. p. 39
240 x 280 x 160 mm — Ø 135 mm

7. p. 43
240 x 280 x 160 mm — Ø 160mm

8. p. 47
95 x 65 mm

9. p. 49
300 x 140 mm

10. p. 52
480 x 1590 mm

11. p. 55
90 x 140 mm

12. p. 59
245 x 255 x 310 mm

13. p. 62
300 mm — Ø 230mm

14. p. 63
235 mm — Ø 102 mm

15. p. 67
420 mm

16. p. 68
340 x 680 x 200 mm — Ø 200 mm

17. p. 69
184 x 90 x 110 mm

18. p. 71
95 x 370 x 120 mm — Ø 120 mm

19. p. 77
150 x 75 mm

20. p. 79
300 mm — Ø 230 mm

21. p. 83
180 x 404 x 180 mm — Ø 180 mm

22. p. 84
320 x 592 x 200 mm — Ø 200 mm

23. p. 87
300 x 90 x 340 mm

24. p. 89
215 x 279 mm

25. p. 99
300 mm — Ø 230 mm

26. p. 101
255 x 305 x 200 mm

27. p. 107
105 x 65 mm

28. p. 108
490 x 1600 mm

29. p. 113
250 x 260 x 320 mm

30. p. 117
490 x 1860 mm

31. p. 123
260 x 260 x 320 mm

32. p. 127
300 mm — Ø 230 mm

33. p. 131
140 x 370 mm

34. p. 132
415 x 125 x 190 mm

35. p. 135
130 x 175 mm — Ø 130 mm

36. p. 136
15 mm — Ø 300 mm

37. p. 139
240 x 320 x 210 mm — Ø 210 mm

38. p. 143
490 x 1600 mm

39. p. 145
270 x 40 mm

40. p. 147
2120 x 1000 x 4390 mm – 540 kg

41. p. 148
30 mm — Ø 270 mm

42. p. 151
1250 x 860 mm

43. p. 152
120 x 370 x 120 mm

44. p. 156
2130 x 1000 x 4320 mm

45. p. 161
450 x 135 mm — Ø 135 mm

46. p. 163
260 x 260 x 320 mm

47. p. 167
55 x 85 mm

48. p. 169
260 x 415 x 180 mm — Ø 180 mm

49. p. 175
270 x 270 x 350 mm

50. p. 179
245 x 275 x 293 mm — Ø 170 mm

51. p. 183
230 x 110 mm — Ø 325 mm

52. p. 185
290 x 650 x 320 mm — Ø 320 mm

53. p. 192
280 x 230 mm

54. p. 197
490 x 1860 mm

55. p. 201
2100 x 1000 x 4600 mm

56. p. 203
165 x 895 x 210 mm

57. p. 206
245 x 275 x 293 mm — Ø 170 mm

58. p. 210
457 mm — Ø 660 mm

59. p. 213
1520 x 470 x 1500 mm

60. p. 216
1570 x 430 x 340 mm

61. p. 217
240 x 275 x 385 mm

62. p. 218
1050 x 125 x 840 mm

63. p. 219
265 x 680 mm

64. p. 220
1240 x 1250 x 3410 mm

65. p. 223
340 x 50 x 180 mm

66. p. 225
200 x 610 mm

67. p. 226
220 x 50 x 110 mm

68. p. 233
260 x 255 x 340 mm

69. p. 238
360 x 730 x 230 mm — Ø 230 mm

70. p. 241
380 x 100 x 150 mm

71. p. 242
245 x 275 x 293 mm — Ø 170 mm

72. p. 245
455 x 275 x 390 mm

73. p. 246
Ø 75 mm

74. p. 247
135 x 345 x 85 mm

75. p. 252
372 x 265 mm — Ø 280 mm

76. p. 253
185 x 230 x 125 mm

77. p. 255
260 x 270 x 345 mm

78. p. 259
320 x 390 mm — Ø 320 mm

79. p. 260
490 x 1600 mm

80. p. 264
295 x 655 mm — Ø 250 mm

81. p. 270
255 x 260 x 345 mm

82. p. 271
490 x 1600 mm

83. p. 273
560 x 360 mm

84. p. 276
195 x 103 x 50 mm

85. p. 277
120 mm — Ø 230 mm (cada)

86. p. 279
540 x 335 x 145 mm

87. p. 280
160 x 130 x 285 mm

88. p. 281
200 x 260 x 200 mm

89. p. 282
90 x 25 x 50 mm

90. p. 863
225 x 190 mm — Ø 225 mm

91. p. 285
170 mm

92. p. 286
70 x 160 mm

93. p. 289
600 x 900 x 1500 mm

94. p. 291
1826 x 1415 x 4717 mm

95. p. 295
490 x 1600 mm

96. p. 297
240 x 370 mm

97. p. 301
285 x 420 x 195 mm — Ø 195 mm

98. p. 307
145 x 30 x 190 mm

99. p. 311
260 x 260 x 320 mm

100. p. 315
270 mm — Ø 40 mm

Créditos das imagens | Image credits

Fotos dos objetos | Item photos
Pedro Ivo Carvalho de Freitas

Fotos de arquivo | Archive images
Norio Koike/ Senna Brands:
10-11, 116, 118-119, 144, 153, 160, 176-177, 178, 180-181, 189, 190, 193, 196, 198, 204-205, 207, 208-209, 214-215, 221, 222, 227, 228-229, 230-231, 234-235, 235, 239, 239, 243, 244, 248-249, 256-257, 261, 262, 265, 274-275, 278, 287, 288. 290, 296, 298-299, 302, 304-305, 310, 312-313, 326-327

Hiroshi Kaneko/ Senna Brands:
128, 138, 166-167, 172-173, 194

Angelo Orsi/ Senna Brands: 130

Carlos Heitor Baracy (Pé Frio)/
Senna Brands: 316-317

Senna Brands:
16-17, 18, 20, 23, 24, 26, 32-33, 34, 36, 40, 42, 44-45, 46, 49-50, 56, 58, 60, 64-65, 66, 70, 80-81, 85, 88, 92-93, 94, 104-105, 109, 112, 114, 115, 124-125, 133, 137, 149, 154, 318

www.sutton-images.com:
74-75, 78, 96, 100-101, 110, 140-141, 158, 186-187. 268-269

Rainer W. Schlegelmilch/ Getty Images: 250
Gamma-Rapho/ Getty Images: 266

© 2024 ASE - Produzido sob licença da SENNA BRANDS

100 senna